游泳笔记

Swimming

[英] 尼克 · 纽厄尔 [英] 丹 · 克罗斯 [英] 保罗 · 考彻 [英] 托马索 · 贝尔纳贝伊 主编 乔 钧 王会儒 主译

[英] 尼克 · 纽厄尔
[英] 丹 · 克罗斯
[英] 保罗 · 考彻
[英] 托马索 · 贝尔纳贝伊
[英] 亚当 · 哈撒韦
[荷] 雷默特 · 维林加
编

乔 钧 王会儒 沈清华 赵威晟 徐 琳 王金艳 译

河南科学技术出版社
· 郑州 ·

备案号：豫著许可备字-2019-A-0036

图书在版编目（CIP）数据

游泳笔记 / (英) 尼克·纽厄尔等主编；乔钧，王会儒主译. —郑州：河南科学技术出版社，2019.10
ISBN 978-7-5349-9610-8

Ⅰ. ①游… Ⅱ. ①尼… ②乔… ③王… Ⅲ. ①游泳–运动训练 Ⅳ. ①G861.102

中国版本图书馆CIP数据核字（2019）第151833号

出版发行：河南科学技术出版社
地址：郑州市郑东新区祥盛街27号　邮编：450016
电话：（0371）65788858　65788629
网址：www.hnstp.cn
策划编辑：李　林
责任编辑：李　林
责任校对：崔春娟
封面设计：张　伟
责任印制：朱　飞
印　　刷：郑州市毛庄印刷厂
经　　销：全国新华书店
开　　本：787 mm × 1092 mm　1/16　印张：9.75　字数：120千字
版　　次：2019年10月第1版　2019年10月第1次印刷
定　　价：39.80元

目录

前言

跳入水中，准备，仰泳打腿……在1997年珀斯太平洋校际运动会4×100米混合泳接力赛之前，我的思绪不停回溯我为了来到这个赛场而投身训练的每时每刻。

三岁开始，我在悉尼学习游泳，一直练习到十七岁，训练的距离足以让我从悉尼游到澳大利亚西海岸。

为什么去游泳？我也曾想在英式橄榄球上模仿沃利·刘易斯（Wally Lewis），但是失败了，而且我也不是板球名将沙恩·沃恩（shane warne），所以在当地教练预测我能在泳池中有所作为时，我就下定了游泳的决心。练习游泳花费相对较少，并能够保持健康，而且参加俱乐部内部比赛和锦标赛又是一种社交运动。

但从另一方面来说，游泳可能是孤独的。在悉尼训练时，我曾试着在泳池中上下扑动时与朋友进行交流，这个朋友叫约翰·德维特（John Devitt），他曾在1960年罗马奥运会100米自由泳项目上夺得金牌。13岁时，我前往吉尔福德游泳池训练，在戴维·威克（David Wick）的带领下与麦克迪公园游泳俱乐部成员一起训练，在那里我的游泳水平得到了更进一步的提高。

尽管我从来没有达到德维特（Devitt）的成就，也没有游泳池以我的名字命名，但我仍然花费大量时间准备太平洋运动会。黎明时分我就来到泳池，每周九节课前、课后的水中培训课，两三节体育馆课程以及隔周一次的周日例会注定我的青少年时代是艰苦而枯燥的。赛前一整周不能吃汉堡和排骨，这对青春期的男孩子而言十分难忍，训练量如此大而我都不能带午餐盒去学校：我已经饿到能一个人吃四人份的餐了。

这本书是写给那些想要达到较高水准的游泳运动员的。你没必要像我一样成为运动的奴隶，但是通过一些训练原则，你可以养成一些好的训练习惯，并在运动过程中，使训练成绩快速得到显著提高。

尽管不是每个人都能成为马克·斯皮茨（Mark Spitz）或者伊恩·索普（Ian Thorpe），但是每个人都能在游泳上更进一步。游泳运动不像球类运动，运动员可能会因为一个弹性不好的球、一次糟糕的判罚，或者其他人的干扰而受到影响。游泳是一项无法找借口的运动。

比赛开始时，抓住出发台，身边是来自世界各地的游泳运动员……我回想起所有的一切。所有的努力和付出就为了泳池里的几分钟以及当地报纸上的只言片语，这值得吗？

值！

我放在阁楼某处的一块金牌‘说”这是值得的。这块金牌可能和德维特的不一样，但它于我而言意义深刻。祝你也可以拿到一块奖牌。

尼克·纽厄尔

基础

// 提高速度
// 训练原则
// 睡眠、食物和水

入门指南

现在你是否非常享受游泳带来的乐趣并且决定认真对待游泳训练，但却无从下手？首先要发自内心地问自己：“我是否在身体上做好准备提升水准？我是否还想继续做一名游泳爱好者？我是否有充裕的时间来接受各种高强度训练，成为一名更快、更强的专业运动员？”

如果你对于自身的健康状况不是很确定，必须在开始健身训练之前咨询医生，以确保身体能够经受这些挑战。同时也需要考虑工作和家庭，协调好一切问题。毫无疑问，如果在照顾孩子、进行繁忙的工作同时还想兼顾艰苦的训练那是不可能的，因为训练需要花费大量的时间。

一旦开始游泳训练，你就需要决定为什么而训练？目标是什么？也许你是想提高长距离游泳水平或者想提高冲刺速度，也许你是为了提高游泳比赛或铁人三项比赛的成绩。

无论是想以最高水平进行比赛或者挑战自我，以一个正确的方式开始训练，训练会变得更加有效并且更能让人沉浸其中。如果只是刚刚开始学习游泳或者身体并没有为此做好准备，不要给自己设定数月之内成为全国冠军的目标。设定一个切实可行的目标并且制定何时能够达到这些目标的日程表。记住想从游泳经历中得到什么，以什么目的开始训练，这有助于使目标形象化，并且有助于使注意力集中在训练上，让自己更认真。

制定长期目标有助于选择最适合自己的训练方案，并可从训练中获得最大的回报。你也许有一个为之训练的竞赛目标或者你可能仅仅想游一个新的50米或者1500米的个人最佳纪录。

设定目标，专注于你想要达到的目标，在训练时有助于维持高动机运动水准。祝你好运！训练可能很艰苦，偶尔也会孤独，但是回报是巨大的。遇到困难不要望而却步，应将目光关注在最终结果上。

为提高速度做准备

有很多因素会影响游泳速度：技术、身体素质水平、营养、休息，以及训练的适宜程度。

技术是提高泳速的关键。提高游泳技术有助于提高划水效率和节约能量。低效的划水消耗大量能量而且对提速毫无帮助。划水越是高效越能储存能量，这些能量可以应用在之后的比赛之中或者更多地被转化到更快的游泳节奏中。

这听起来很简单，但是在许多运动中，运动员都在持续消耗不必要的能量。坦率地说，这使他们收获甚微。提高技术且即使在很累的状态下也可以维持泳技，是提高泳速最稳妥的办法。

当制订训练计划时，要评估目前的身体素质水平，使训练目标切合实际且安全。如果身体素质较低那就无须给自己制订较高的目标，因为这样做会导致过度训练，并可能造成运动损伤。在受伤的时候除了感受挫折，不会有其他收获。

同样要制订一个需要不停挑战自我的训练计划，以确保这个计划可以一直提高你的健身水平。不要让身体习惯目前的训练状态；要让它不断提高。但重要的是，在不断提升的同时，你要确保休息和恢复的时间。身体得到恢复，并进行适应性的改变，同时允许能量储备被替换，这就做好了进入下一训练阶段的准备。

逐渐适应训练后，恢复身体所需要的时间会减少。当开始增加训练课程后，仍需要空出大量的时间来进行休息和恢复。

营养在训练中扮演着重要的角色。营养可在训练及比赛前，训练中和训练后维持能量和体内水分，以保持注意力集中，提高运动表现水平。营养不良会导致训练前和训练中的疲惫，并且也会降低高强度训练后恢复的速度，还会使你容易得病和受伤。

训练原则

SPORT训练原则，致力于帮助你了解训练过程，并感受到能力的稳步提升。

特异性（Specificity）——明确训练目的是为了完成你希望实现的目标。简单来说，如果你希望提高长距离游泳的能力，就不要在冲刺训练中花费过多的时间。

连续性（Progression）——身体素质随着训练强度的提高会逐渐增强，最终会提高整体运动水平和竞技状态。

超载性（Overload）——在一定程度上，超负荷训练会促进你的状态的提升。如果你一直保持相同强度和速度的训练，就不会达到预期的效果。你需要不断用超负荷强度刺激肌肉和心血管系统，这样才能达到增强肌肉力量和提高运动水平的目的。

可逆性（Reversibility）——中止或降低训练强度，体质会下降，因而总体表现也会下降。因身体不适或其他原因中断训练者，再次开始训练的时候，会发现运动水平减退。

单调性（Tedium）——请保持运动激情。如果在训练中感到无聊或者不想去训练，说明你的训练积极性正在减退，这会造成训练效果的减退甚至缺席训练课程，导致可逆性的发生。

在制订训练计划的时候，要遵循FITT原则完成SPORT训练原则。举个例子，为了确保SPORT训练原则的连续性与超载性，可以增加训练课程的频率、每节课程的强度，或者增强运动时长；为了避免可逆性的出现，在生病的时候降低训练强度；为了避免运动的单调性，可以转变训练方法。一次训练调整一个方面，不要几个方面同时调整，否则身体会因无法适应这么多的要求而受伤。

频率（Frequency）——多长时间训练一次。

强度（Intensity）——训练的强度。

时间（Time）——训练的时间。

类型（Type）——正在使用的训练方法。

为训练做好准备

一旦入水，身心都要为训练做好准备。不要认为训练只需要简单的热身运动，或者相对长时间的课程。身体要为即将到来的训练做好准备，训练前5~10分钟的热身会使训练课程更顺利地开展，身体也可以更加自如地活动。

每个人的工作和生活都很繁忙，既然决定参加训练，就不要为了节约这一点点热身的时间而毁了一次本该完美的训练。如果必须要缩短训练时间，宁可减少训练课程的时间而不是热身的时间。热身活动是训练的一部分，每一次的训练都不可忽略。

简单的身体活动有助于放松肌肉并为接下来的训练做好准备（参考第71~77页拉伸训练）。这些拉伸训练的目的是为了在无阻力的情况下放松关节，并增加关节周围肌肉的血液供应，更好地保护关节，减少损伤。仅仅几分钟的肌肉活动是每节训练课程的重要组成部分。

在思想上，无论最近在经历什么，在去训练的途中或在换衣服的时候，你需要花几分钟思考一下即将开始的课程。短时间内从工作和家庭中抽离出来，提醒自己为什么要训练，以及之前的训练成果。回忆之前的训练课程，重点关注取得的成绩和运动带来的快乐，然后，开始并享受你的训练吧！

睡眠、食物和水

保持正确的训练与休息的比例是非常重要的，训练与休息的不平衡会造成过度训练，降低训练效果与比赛水平，增加受伤概率。简单地说，休息与训练同样重要，当身体能适应更长时间的训练时，也要保证更高质量的休息。

- 制订一个时间表：严格控制睡眠时间。包括周末的每一天都要在同一个时间入睡及起床，最好能保证每天至少8小时的睡眠时间。打乱这个规律，可能会造成失眠。周末的“赖床”会造成周一很难按原定时间起床，因为需要重新设定睡眠生物钟。

- 锻炼：每天锻炼有助于睡眠，但是睡前锻炼会影响睡眠。最好是在睡前5~6小时完成锻炼。

- 避免咖啡因、尼古丁和酒精的摄入：不要在睡前摄入有刺激性的食物。咖啡、巧克力、软饮料、茶、减肥药和一些止痛药都含有咖啡因，睡前应避免饮用。睡前也不要吸烟，因为尼古丁会直接作用于睡眠中枢，影响睡眠质量。酒精虽然可以减少入睡时间，但是睡前1小时摄入过多的酒精，会降低深睡眠和快速眼动睡眠（身体恢复的最佳时期）的质量，使人始终处于浅睡眠状态。

- 睡前放松：看书、听音乐、性行为、泡澡都有助于睡眠。可以建立某一个行为与睡眠的联系，使这个行为成为入睡常规中的一部分。如果不能入睡，不要躺在床上，可以做一些放松的事情（如前文提到的有助于睡眠的行为），直到感到疲惫。

- 控制室内环境：室内最佳温度为18~19℃，相对湿度为65%。尽可能保持室内黑暗及安静。

请刻苦训练，充分休息。补充营养物质可以维持训练中的供能，蛋白质、维生素、矿物质有助于身体的恢复。如果没有摄入充足的碳水化合物、蛋白质、脂肪及维生素，在训练中会很快感到疲惫且身体不能充分恢复，容易产生疲劳、疾病或损伤。补水至关重要，身体在水分充足的情况下才会发挥得更好。即使水含量只降低1%也会影响运动表现，所以要养成补水的习惯。

装备

游泳装备非常简单，即泳衣和水。使用正确的装备可以让训练更简单、更有趣，增加训练课程的多样性。基本的游泳装备包括合适的泳衣、泳镜、泳帽和水杯。有些人不喜欢戴泳帽，但是戴泳帽可以使游泳更轻松，特别是对于长头发的人，泳帽在换气时可以避免头发贴在脸部影响换气。

此外，还有一些训练装备，包括打水板和拉力浮漂等，这些是为单独训练划水中某一个动作而准备的。使用打水板可提高打腿技术或者加快打腿频率，使用拉力浮漂可练习划臂技术。划水装备也可以用来提高划水技术。使用这些装备，不仅可以使训练更具挑战性，同时，能节省一半的力气。

如果要增加划水的训练难度，可以使用划水手板；用划水手板会产生更多的推水力，这种反作用力也有练习手臂和肩部力量的作用。最好在掌握划水技巧后，再通过划水手板提高划水水平。训练难度要逐渐提高，以避免肩关节的损伤。可根据经验和划水水平选择不同形状、大小的划水手板。划水手板越大，划水时产生的压力也就越大。

脚蹼可以用来进行打水练习，也可以戴着游泳。戴脚蹼游泳可以游得更自如，有助于专注划水技术。戴脚蹼蝶泳可以更全力地划水，游得更远，以及专注于游泳技术。

ZOGGS

技巧与策略

// 更敏捷 // 更明智 // 更高效

基本原则

每个人都喜欢在水里玩耍，但是有多少人可以不费力地提高游泳成绩？答案是……事实上是每个人都可以。掌握几个基本的技巧建议和提示，无论你的目标是俱乐部第一名还是地区赛冠军，你都可以刷新自己的最佳成绩。学无止境，调整游泳技术也一样。

许多非专业的游泳运动员在游泳池中努力锻炼，他们几乎不了解游泳的基础知识，而这些知识可以帮助他们游得更好，游得更快。如果你只想要一周两三次的锻炼，这也许没什么问题，但如果你想在这项运动中寻求进一步的突破，那么关注身体在游泳池里如何运动及如何提高效率很重要。很快，你会在秒表上看到结果。

在这个过程中，基础的游泳知识会使你的游泳更加愉快。拥有一个顶级运动员的体格不见得游得很好，但是学习一些不同游泳姿势的力学知识可以很大程度上提高你在水中的表现。

好消息是，这不是什么高科技，大部分的原理是简单明了的常识。

大多数游泳技巧是关于如何游得更加高效，让游泳不那么劳累，也就意味着你可以游得更快更久，而无须花费大量时间在健身房里举铁。游泳是唯一一项同一时间锻炼全身几乎每一块肌肉的运动。不像在健身房中，一次锻炼一组肌群，游泳可以使所有肌肉在水中同时得以锻炼。

比较常见的游泳姿势有四种：仰泳、蛙泳、蝶泳和自由泳。它们有许多相同的原则，如手臂和腿部的协调运动，最大限度地运用手和脚以便更快地穿过水面，保持流线型的姿势以减少在水中的阻力。这四种游泳姿势是互补的，这是因为每一种姿势的主要运动肌肉不同，练习一种姿势会用到另一种姿势的次要运动肌肉，从而有助于改善另一种姿势。大多数人偏爱一种或者两种游泳姿势，但是他们游得并不快。在接下来的几页，我们会列出有助于大家掌握游泳姿势的一些基础知识。

仰泳

1 拇指应该最先离开水面，小拇指应该最早进入水中。这样可以最大限度地转动肩关节和发力。

2 肩膀和胸部保持在水面上方，臀部刚好在水面以下。

3 保持平衡至关重要，头部要尽可能地静止不动。

4 与自由泳打腿方向相反地进行交替打腿。

5 在水中，运用臀部发力带动腿部，会产生更大的力。

6 要保持身体的流线型，膝盖不应该露出水面。

和所有游泳姿势一样，为使整个过程尽可能的高效，在水中摆出正确的姿势很重要。仰泳时，应尽量让整个身体上浮靠近水面，以减少阻力。

头部需要保持在水中，眼睛看向天花板，耳朵正好在水面以上。保持头部的姿势很重要，因为在任何阶段抬起或者移动头部都会改变身体姿势和增加身体阻力。

肩膀和胸部应远离水面，小部分臀部在水里，每次划水时肩关节围绕长轴旋转。随着一只手进入水，对侧的肩膀将旋转出水，以减少水的阻力，由于运动范围的增加，上臂的划水动作也应加深幅度。

头部保持静止，眼睛向上看，肩膀旋转，以便帮助水中其余的身体部分保持平衡。同时，臀部也要转动，以协助改善身体在水中呈流线型。

打腿

像自由泳一样，仰泳动作采用交替打腿，这需要在水中一直保持身体的位置。六次打腿模式是最佳的打腿模式，即划水一下打三次腿，一个划水周期打六次腿。

腿保持伸直，只有膝盖可以稍有弯曲，打腿的力量来自髋部。随着膝盖逐渐靠近水面，腿伸直，脚趾正好打破水面，此时膝盖不应该打破水面。如果膝盖正在打破水面，就意味着在打腿之前腿伸得不够直。

足尖要向内转动，以确保在每次打腿时能获得足够的力量。如果踝关节稳定性较差，会减弱打腿的力量，同时也会产生一次低效的划水动作。

手臂

手臂离开水面是划水动作的返回阶段。在这个阶段，手臂要伸直，尽可能地靠近身体中线。

当手臂离开水时，拇指应该最先离开，随着手臂转动，手掌旋转，小指最先入水，这有助于肩关节的旋转。当手臂进入水中时，肘关节朝下，同时伸直手臂，伸展手腕，做好推进阶段的准备。

在刚开始推动水的时候，手掌斜向下并轻微地向外滑动。此时对侧肩膀将会转动划出水面，让身体以更快的速度穿过水，同时增加肩膀的运动范围。打水动作和推进阶段开始时，手掌应向脚掌方向斜移，同时肘关节弯曲并指向游泳池底部。

手臂持续划水，直至手臂直接位于肩膀下方，此时是手臂位置的最低点。然后手臂开始向臀部方向划动，划过臀部下方后，再划动手臂出水。这个过程的关键是，手掌一直向下压水，确保拇指最先离开水面，这样不会降低划水速度。

换气

与其他的泳姿不同，仰泳可以在需要的时候换气，因为头部一直在水面上。呼吸要有规律，随着游泳强度的增强，呼吸频率也会增加。

时机

一个划水周期有六次打腿，所以要一直保持手臂的连续划动。当一只手臂在水面上时，另一只手臂就要在水中划水，两臂交替连续进行，使身体在水面上受到的阻力最小。

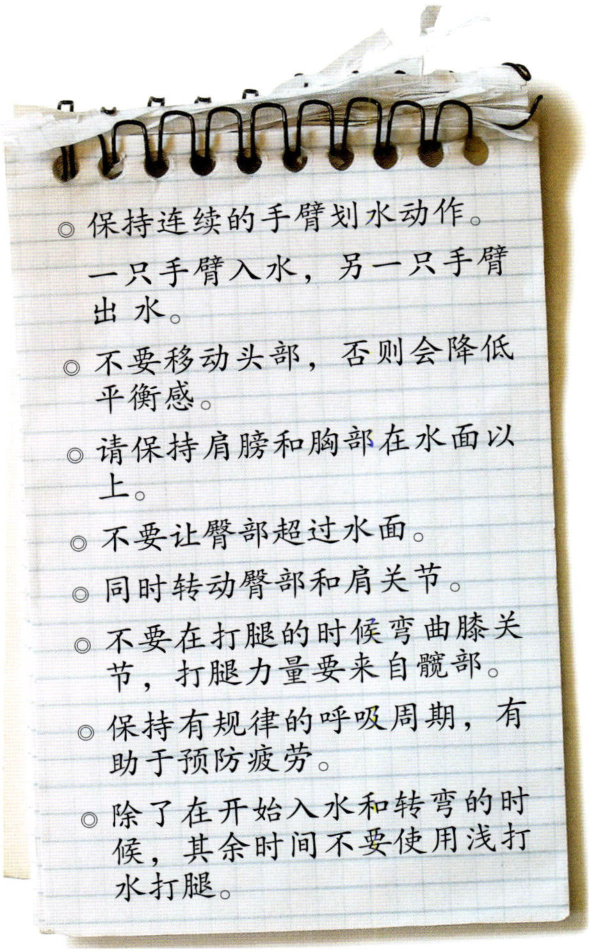

蛙泳

1 手臂和腿要同时发力，以确保产生最大功率，保持动作流畅、平衡。

2 除了潜水和转弯阶段，在比赛的其他时段，头不要整个没入水中。

3 手臂往下和往周围推动水，会产生涡轮效应及最大的前进动力。

4 足跟必须一直在水面下，否则将会被取消蛙泳比赛资格。

5 换气时，注视游泳池底部更容易保持身体平衡。

6 充分伸展手臂和腿，才能获得最远的滑行距离。

蛙泳是一种很难掌握的游泳姿势，因为它需要手臂和腿协调运动。如果手脚不能协调配合，泳姿就会不正确，并且会被取消比赛资格。蛙泳需要把握正确的节奏，让手和脚做高效的划动。蛙泳比赛的规则说明，在每个划水周期，除了跳水出发及转弯外，头部必须在每次划水后露出水面，双臂和双腿必须对称运动。

身体姿势

在蛙泳中，身体姿势很重要：身体要平躺在水中，划水动作要带动身体向前伸展。换气时，身体姿势会有些改变，此时要抬高身体，使头部抬出水面，确保呼吸顺利。

头部抬起时，眼睛应该向前下方注视，而不是笔直地往前看，这样可以避免身体抬起过高。身体抬起过高会导致腿和臀部下降太低，在水中产生更多阻力。当头再入水时，手臂要向前伸直，这样身体才能重新回到流线型姿势。

蹬腿

腿部的回复阶段，是腿部从流线型位置转变为弯曲位置，再转变为流线型位置的过程，此时脚面绷直，双腿夹水。

在这个阶段，屈膝，小腿向大腿靠近，两膝关节与髋同宽，脚掌向上。重要的是，小腿抬起应朝向臀部，而不是在身体的下方，不然会产生更多阻力，减慢速度。

当双腿处于屈腿最大位置时，脚掌应该处于背屈状态。脚掌的位置应该比膝盖的位置稍宽，这样可确保它们有更强的推进力。接着，双腿迅速并腿夹水并伸直，以流线型姿势结束，准备进入下一次的蹬腿。

要记住，脚掌在任何时候都不能打破水面。这会被解读成是“海豚式打水”，“海豚式打水”不符合蛙泳比赛的规则，将会立刻被取消比赛资格。

手臂

开始时，双臂呈流线型姿势，手掌朝外，以便准备好按压水面。手臂伸直，向外推水，直到手臂的位置正好比肩膀宽。然后手掌向下向内转动，准备划水。

肘关节与手同高，并且向后滑动，确保前臂也在推水，然后双手掌心相对，在胸前并拢。划水阶段结束后，双手准备回到原位。在此期间轻微停顿一下，一旦双手在胸部下方，它们就会向前伸展回复至流线型姿势，这时可以保持一小段距离的滑行。

换气

换气可以在划水动作开始之初。手臂开始向外挤压时，头部会自然上升，这时就可以换气。当手臂向前时，头部往回下降，身体呈流线型姿势。除了入水出发阶段，必须要保证头部的一部分露出水面。

时机

开始划水之前，整个身体保持舒展，随着双臂的划动，双腿开始移动，当双臂处于推进阶段时，双腿要开始向臀部弯曲移动，当手臂处于返回阶段，腿部要向后夹水进入推进阶段，然后回复到流线型的姿势。

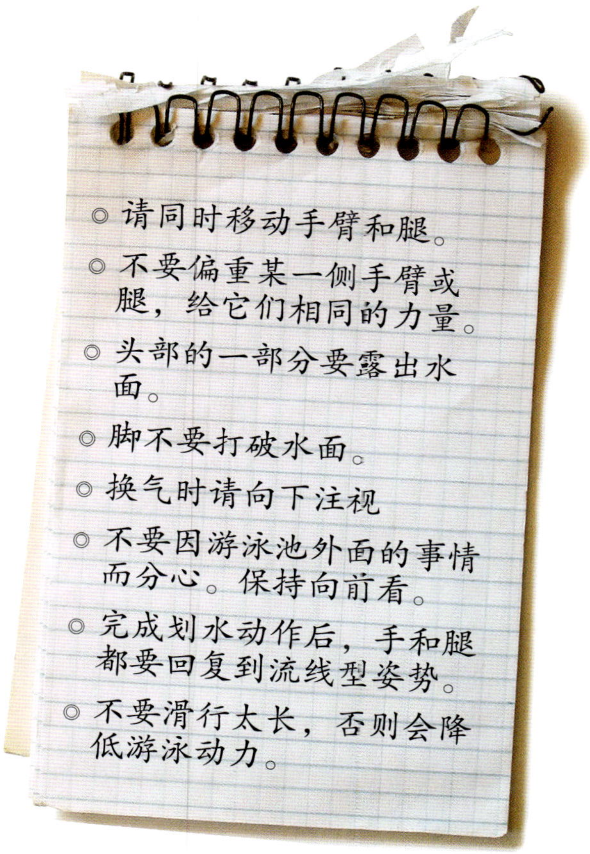

蝶泳

1 换气时要低头，保持划水动作的流畅。

2 肘关节要先于手出水，这样可以用整个手臂的力量划水。

3 每划水两次换气一次，以确保提高游泳效率，并且维持氧水平。

4 双腿必须同时踢腿，而不是像自由泳那样踢腿。

5 在划水动作中抬起肘关节，可以使划水更有力。

6 保持手臂划水一次踢腿两次的节奏。

蝶泳是四种游泳姿势中最难的，因为它对身体素质要求最严苛。蝶泳时如果不能把握正确的划水时机，则会让人筋疲力竭。由于蝶泳本身的特点，它可以提高运动员在泳池中的整体表现，所以许多自由泳、仰泳和蛙泳的运动员，也会做蝶泳训练。

身体姿势

身体在水中保持水平，臀部接近水面。专业蝶泳运动员在打水时，看上去整个躯干是弯曲的，但事实上他们只弯曲腰部以下的身体。

头部中立，眼睛向前下方看。划水时要尽量保持身体的水平，这样才不会产生太大的阻力。

如果由于打腿无力导致腿下沉，换气时头又抬得太高，那么身体在水中会变得直立，手臂压力变大，游泳效率降低。根本原因是你的身体露出水面过多。

踢腿

蝶泳踢腿是双腿同时垂直方向的踢腿，被称为“波动打水”，也称“海豚式打水”，需要双腿同时上下动作。蝶泳踢腿成功的关键是，踢腿的力量来自臀部而非单纯来自膝关节，这里很容易犯错。

在踢腿的“向上”阶段，膝关节轻微地弯曲，让脚掌向上移动到水面，直到脚趾出水。此时，脚踝至脚趾要完全伸直，臀部略微向下移动，防止膝关节弯曲太多。

腿开始向下踢时，腿和脚要快速向下打水，这会推动臀部向水面抬起，使身体波浪式前进。这时腿要伸直，以便于回到打水的“向上”阶段。

手臂

双手进入水中是开始划动的扑水动作，此时产生前进的推动力。手臂在肩前展开，双手手掌向斜下方入水，然后向下向外推水，最后向后推水。

划水的第一阶段，肘部要保持在较高的位置，手臂向后推水，手向胃下方滑动，然后划过臀部出水。蝶泳划水中重要的一点是，要保持肘关节尽量高，这样可以使划水更有力。

手要一直保持在肘关节以下，肘部是手臂中最先出水的部分，紧跟着是手。然后双臂放松，一起向前，拇指朝下，再次入水。

换气

换气在划水的开始阶段，这时头部是抬起的，下颌向下，在换气之后双手再次入水之前，头部要回到原位。

如果换气时头部抬起过高，就会打乱划动节奏。因此保持身体贴近水面，换气才会流畅。蝶泳要求每划水两次换气一次，如果节奏变慢，身体将会缺氧。

时机

整个手臂划动周期中，要踢腿两次。第一次在划水动作之初，手刚刚入水，开始准备扑水的时候；第二次是在手臂准备出水时。如果在整个回复阶段，头部都处在水面上，手臂会很难出水，这也是一些人不能很好完成蝶泳的症结所在。

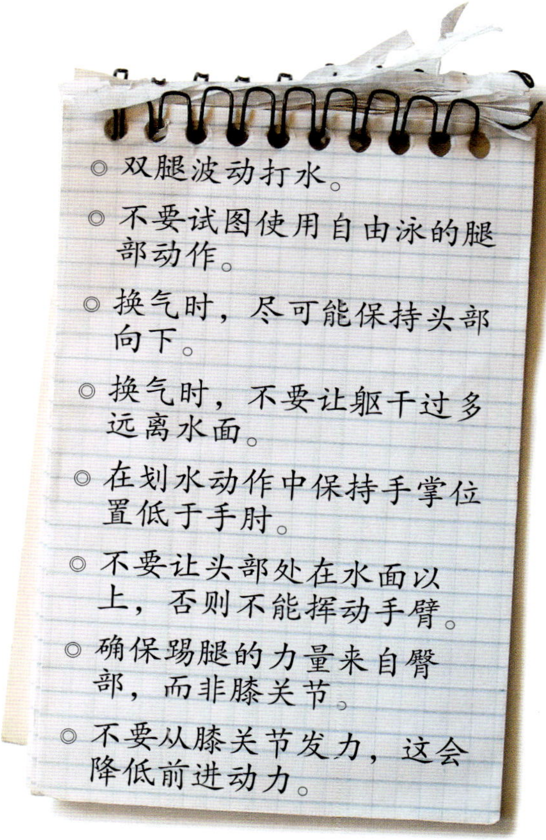

自由泳

1 肘关节最先出水，可以最大限度地伸展手臂。

2 每一次换气，头都需要做90° 的旋转，这样才不会呛水。

3 每踢腿三次换气一次，这是在比赛中最有效率的办法（除了短距离冲刺时）。

4 肩关节转动是保持划水动作变长和高效的关键，髋关节应随之一同转动。

5 运用自由泳六拍踢腿，即手臂完整划水踢腿六次。

6 保持头部与水面成45°夹角，有助于减少阻力，保持推动力。

身体姿势

头部：转动头部，双眼望向水面上约45°角的位置，水花拍击头顶。换气之间保持头部不动非常重要，这可以使身体呈流线型姿势。

换气时头部位置：换气时头部应转动90°。重要的是，头部要尽可能少旋转，减少对流线型姿势的破坏。身体转动能够引起头部的旋转。关键点是，头部转动与肩部转动应同时进行。

髋部和上半身：肩膀旋转有助于较长距离的划水，能帮助身体长时间处于流线型状态。一手入水时，同侧肩关节随着向下，另一侧肩关节则向反方向转动。

肩关节在与水面成45°夹角的方向转动，这会减少穿过水中身体的表面积，此时臀部也要随肩膀一起转动。

踢腿

自由泳的踢腿很重要，不仅有助于维持身体的姿势，还是自由泳向前的推进力。一次强有力的踢腿，有助于在水面维持身体的流线型姿势。

游泳运动员通常使用六拍踢腿，即每踢腿六次，手臂划水两次是一个完整的手臂划水周期。双腿应该保持伸直，膝关节稍弯曲，踢腿发力来自于髋关节，且脚踝到脚趾是放松的。

手掌入水

手掌转动45°，指尖最先入水，保持这个姿势入水，这也是开始划水动作最初的位置。手掌入水尽可能远离头部，这样可以确保一个较长距离的划水。

手臂

在整个划水周期中，要保持肘部抬高。开始时，手臂向外向下划动，然后再向内向上划动，手指在臀部旁边出水。

一侧手臂出水时要保持肘关节抬高，手臂尽量贴近身体，另一侧手臂开始划水。手臂向前伸展时，肘关节也要抬高，这样可以保持一个较长距离的划水。

换气

多年来，游泳运动员在自由泳中使用了不同的换气模式。例如，每二、三、四次划水换气一次，以及结合换气模式2-2-3和4-4-2。

最常见的换气模式是每踢腿三次换气一次，也就是所谓的双侧呼吸，这样能确保氧气的正常摄入，且可尽量减少对身体流线型姿势的影响。每踢腿两次换气一次的模式会频繁地打乱流线型姿势，而每踢腿四次或五次换气一次的模式，可以更好地保持流线型姿势，但供氧就会减少。

不同的自由泳项目应使用不同的换气方法。例如：在冲刺型比赛——在50米短距离比赛中，运动员最多呼吸一次，他们对身体流线型的保持需求多于对氧气的需求；在中长距离比赛中，游泳运动员每踢腿五或六次换气一次。

远距离的游泳需要更多的氧气供应，所以在较长距离的游泳项目中经常使用双侧换气模式，在换气的司时，还可以观察对手的位置。

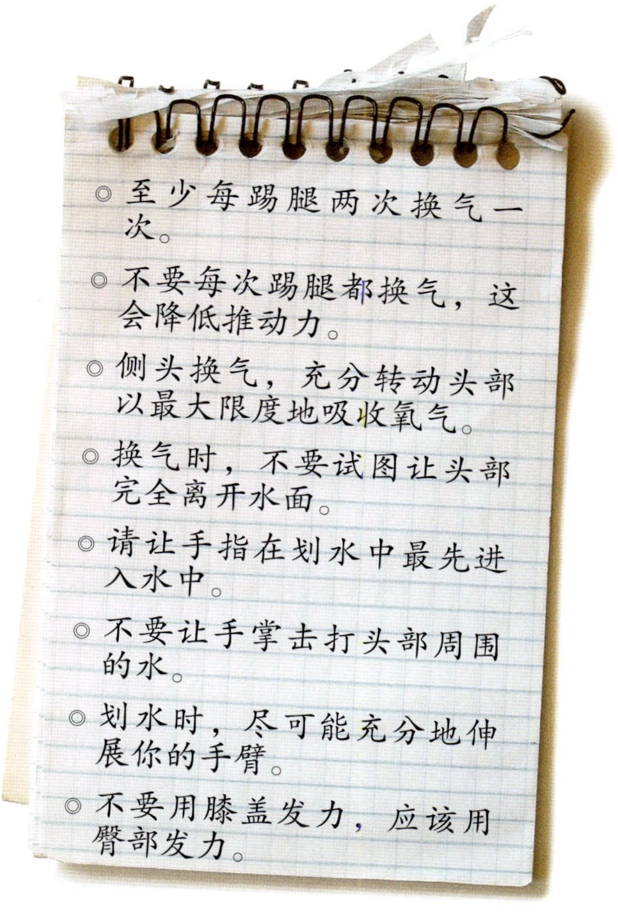

开始阶段——仰泳

1 像一个螺旋形弹簧紧贴池壁，以确保开始游泳时在最高的位置入水。

2 当推离池壁时，尽可能向远处延伸双臂，延长划水动作。

3 当推离池壁时，不要穿过水中而要越过水面，穿过空气的速度比穿过水的速度快。

仰泳比赛开始前，手握出发台的握手器，双脚掌蹬住池壁，然后尽可能地把身体拉起，用最大的力量起跳。这个过程中，只要有一个动作犯规，就会被判罚退出比赛。双脚分开与肩同宽或者稍窄于肩宽放置在池壁上，要么两脚同一高度，要么两脚上下分开蹬紧池壁。

仰泳开始阶段

1.裁判吹哨示意可以入水。许多顶级游泳运动员采取传统潜水的方式进入游泳池，游到信号旗，然后采取仰泳方式回到池壁，计算返回需要多少次划水踢腿，然后回到开始的位置。

2.发令员说“各就各位”。此时应该用手臂把自己拉在踏板上（双脚掌蹬在池壁上），运用脚掌作为主要接触面形成一个弹性的出发动作。

3.比赛信号一开始，向后甩动双臂形成流线型姿势，同时双腿蹬离池壁。向后推动时，拱起背部，确保身体越过水面而不是穿过水中。

4.在水下呈流线型姿势，一只手放在另一只手上越过头顶，保持波动打水（蝶泳腿）。当接近水面时，开始仰泳踢腿，同时保持双手处于流线型姿势，直到双手划动打破水面。与所有的泳姿一样，15米规则是指头部必须在15米内露出水面，并采用仰泳姿势游泳。

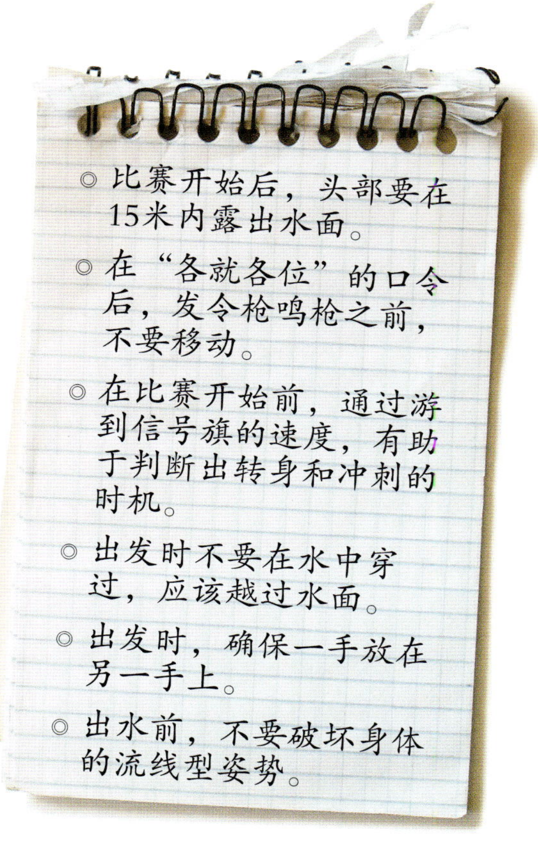

开始阶段——出发台跳水

1 听到口令“各就各位”时，保持出发姿势，不要移动，直到听到枪声。

2 出发时，保持臀部是身体的最高点，双腿轻微弯曲。

3 保持头部低垂，但要戴好游泳镜。如果出发时丢失游泳镜，整场比赛就很难看清路线。

4 出发犯规会被取消比赛资格，所以在出发台上要保持住平衡。

5 记住要集中精力在比赛上，保持注意力并向前看。

6 用脚趾抓紧出发台，这样就会给肌肉一个准备出发的信号。

虽然不能靠出发起跳赢得比赛，但却可因为稍微滞后的跳台入水而输掉比赛。为什么要因为出发慢而影响比赛成绩呢!

优秀的运动员可以抢占先机，虽然行动慢可能会稍微滞后，但是如果过早出发，就会被取消比赛资格。裁判吹响哨子，意味着在真正游泳动作开始之前，你将有10秒时间调整状态。

出发时，要看向赛道，就像一个高尔夫球员在公开锦标赛调整挥杆，或者网球运动员在温网试发一样。简单地回忆一下比赛策略，消除赛前紧张，想象一下几分钟后就会登上领奖台的情景。顶级运动员就在这时与对手斗智斗勇，试图占尽先机，然后听到“各就各位，出发……”一旦身体碰到水，就必须在15米限制绳处游出水面，否则将会被取消比赛资格，所有的努力都将白费。

跳台入水

主要有两种入水方式：抓台式出发和蹲踞式出发。这两种方式各有利弊，但要记住，只有一次机会。一旦起跳失败，就会被取消比赛资格，从不例外。在2008年北京奥运会的100米自由泳半决赛中，澳大利亚的运动员莉比·特里克特（Libby Trickett），正是因为中国运动员庞佳颖出发失败而受益。如果庞佳颖没有违反规则，特里克特在最终比赛中就不一定能获得金牌。

在“各就各位”的指令发出后，裁判员会让选手们站上出发台。比赛一场接着一场，谁也不能通过预测何时发出枪声而获得出发优势，但是一些教练员会分析每个裁判员的习惯，以帮助他们的运动员在未听到发令枪响时就起跳，但他们正踩在警戒线上。因为只要运动员有一点错误，就会被取消比赛资格。

抓台式出发，双脚站在出发台上，脚尖弯曲抓住出发台边缘，双脚与肩同宽，弯腰呈流线型姿势，然后抓住脚间的出发台边缘。低头，使臀部为身体的最高点，双腿轻微弯曲。抓台式是个有力的出发姿势，相比蹲踞式，可以把力量集中在一个更小的范围内。

蹲踞式出发的姿势类似于中长距离跑步运动员的出发姿势，一只脚向前站，与同侧肩膀形成一条直线，脚趾蜷曲在出发台的边缘，另一只脚与另一侧肩膀形成直线，位于出发台后部。

低头，脚趾抓紧出发台边缘，以这个姿势出发可以使肌肉获得一定的推动力。蹲踞式出发看起来力量不够强，但这种方法能快速获得出发台的反作用力。蹲踞式出发能够减少失误的机会，更好地保持平衡。

出发的步骤

1. 裁判员吹哨子示意可以站上出发台。
2. 站在指定位置，等待裁判员的开始指令。
3. 裁判员说“各就各位”时，做好出发姿势，然后保持不动直至裁判员发出开始信号。
4. 裁判员发出开始信号后，运动员以流线型姿势出发，手指最先入水。
5. 在跳水出发过程中不要仰头，以防游泳镜脱落。

一旦入水，一定要记住15米规则。自由泳、蛙泳和蝶泳的技术各不相同，所以游泳比赛需要多达八名裁判员。自由泳要先波动打水直到露出水面，然后换成自由泳打腿；蛙泳可以做一次最大力量的划水和蹬腿，在第二次划水时出水。

蝶泳类似于自由泳，先波动打水至出水面，然后继续游泳。

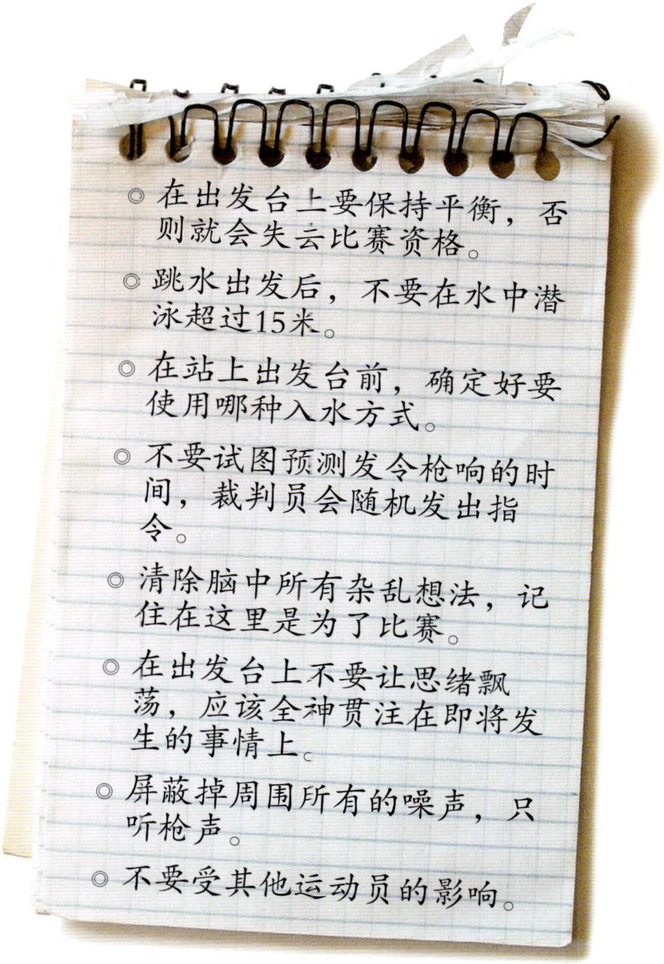

转身——仰泳

1 比赛前要计算信号旗与池壁之间的距离。

2 在划水中随着手臂动作带动身体的旋转，继而腹部旋转。

3 转身时尽可能地靠近池壁，这样可以产生最大的推动力。

乍一看，转身可能是最难执行的，因为靠近池壁时看不见后面。然而，这是你可以解决的。有个简便的方法，泳池上方的信号旗是固定的，通过信号旗可以判断自己与池壁的距离。最基本的原则是，在离池壁越近的地方转身，获得的推动力越大。

靠近池壁

除了仰泳是背部靠近池壁，转身前身体要仰面朝上之外，仰泳转身与自由泳转身的方式非常相似。

很多游泳者担心会游到池壁的“盲区”，如果能计算好信号旗和池壁之间的距离，这个问题就很容易解决。成功的次数越多，信心就会越大。

看到信号旗时，需要知道从信号旗到池壁有多少次划水动作。然后，数好划水次数，并在最后一次划水后，仰面朝上做好转身准备。

转身技巧

一旦开始转身，手臂需要一起旋转。哪个手臂在划动中先碰到池壁决定转身时往哪个方向转动。腿翻转到顶部，头部回缩，脚蹬在池壁上。对于自由泳，保持整个转身动作流畅很重要，并且应尽可能地紧紧蜷缩身体，同时，在泳池的末端尽可能地快速转身。

蹬离池壁

脚蹬在池壁上，身体呈一个绷紧的流线型姿势，一手放在另一手上面，向前伸展，就像出发跳水后的姿势一样，然后在水下波动打水直到露出水面，再转换成仰泳踢腿，继续比赛。

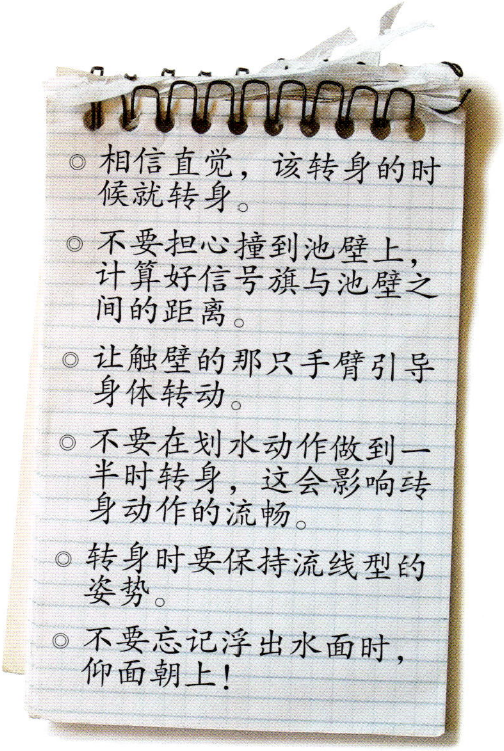

转身——自由泳

1 游到尽可能靠近池壁时再转身，这会产生最有力的推动力。

2 确保双臂都在水面下，这样双臂可以加入到头部转动中，然后双腿随之划动。

3 转身时保持腿部蜷缩，以减少水的阻力，实现一个更快速的旋转。

许多新手第一次转身时都害怕滚翻。水下的空翻倒转，对于生活在陆地上的人而言是陌生的，但是只要接受训练，就能熟练地掌握转身方法并赢得比赛。在200米的比赛中，需要转身三次，每一次糟糕的转身都会增加游泳耗时。职业游泳运动员都知道转身的重要性，所以他们在训练池里会花费无数时间完善转身技术，因为在顶级游泳运动员竞技中，0.01秒就可以是金牌和第四名的差别。

时机至关重要。如果转身距离太长，可能就会触不到池壁，导致重新折返触壁。如果转身距离太短，就没有空间完成流畅的转身动作，比赛的节奏会被打乱。顶级运动员在转身时，身体会团成一个球，然后再蹬池壁，这样会给他们一个最大的推动力，这也是取胜的要素之一。

靠近池壁

在靠近池壁时开始转身。经过训练后，运动员会下意识地就知道从哪里开始转身，确切来说这个动作与运动员的身高和灵活性有关。较矮的游泳运动员比较灵活，可以更靠近池壁进行转身。靠近池壁时保持合适的速度也很重要，这样可以更快地转身。运动员最后一次划水动作后，就应该开始转身，低头，蜷起身体，借助最后一次划水的推动力引导转身。

旋转转身技巧

在最后一次划水动作后，低头，蜷起身体开始转身，如果需要换气，要在转身前进行。双臂放在水中，头部向下，双腿翻转向上，保持双腿紧紧地蜷缩，有助于加快身体旋转。然后双脚踩在池壁上准备蹬壁。这时，身体像弹簧一样压紧在池壁上，贴得越紧反弹力越大。

蹬离池壁

蹬离池壁之前，两手向前，身体呈流线型姿势。在离池壁尽可能近的地方，爆发式蹬壁，然后保持流线型姿势。这时在水下采用波动打水，直到露出水面。记住转身时也要遵守水下15米规则，快要露出水面时，改为自由泳打腿，然后继续全力游泳。

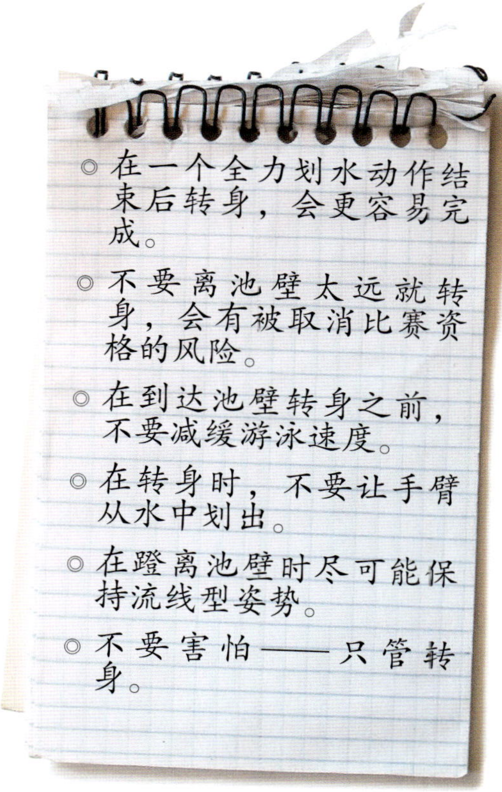

转身——蛙泳与蝶泳

1 双手必须同时触壁，否则就算犯规。

2 用触壁的双手引导转身，让身体跟随双臂一起转身。

3 尽可能快速地游到池壁边，这样转身会产生更大的推动力。

蛙泳和蝶泳的转身非常相似，两种泳姿都需要完成一个完整的划水动作，以及双手触碰到池壁。规则是必须双手同时触碰到池壁，否则会被取消比赛资格。两种泳姿转身动作唯一的区别在于碰到池壁时最后的划水动作，以及蹬离池壁时的动作。

靠近池壁

最后一个划水动作结束后，运动员逐渐接近池壁，并且（对于蝶泳）保持低头，避免打乱游泳节奏。其次，要尽可能快地游到池壁，双手快速触壁，双手同肩宽，这样裁判员可以清晰地看见双手触壁的动作。游到池壁的速度会转换成转身的速度，所以游到池壁时不要减速。

转身技巧

触壁后，双眼注视双手，随之带动双脚至身体下方。当双脚接触池壁时，引导手臂尽可能向远伸，并指向前进的方向，此时双眼还是注视池壁。当双脚与肩同宽或稍窄地放置在池壁上时，做好蹬离池壁的准备。

蛙泳蹬离池壁

眼睛朝下看，以流线型姿势蹬离池壁。身体水平，保持流线型姿势大约3秒，然后单臂划水，再开始蛙泳划水动作。双臂向外推，然后转过来，再向后，放到髋关节结束，短暂维持这个姿势。

当手臂回到伸直阶段时，身体呈流线型姿势，并进行一次蹬腿，在开始和转弯阶段是允许做这个动作的。运动员必须要露出水面后，才能全力挥臂游泳，否则就会被取消比赛资格。重要的是，在开始和转身阶段，手和脚只允许做一次划水和蹬腿动作。

蝶泳蹬离池壁

以流线型姿势蹬离池壁时，身体以大约45°的角度靠近池壁。面朝下，波动打水，直到准备露出水面。露出水面后，运动员要全力划水，在前两次或三次划水时，保持头部向下。

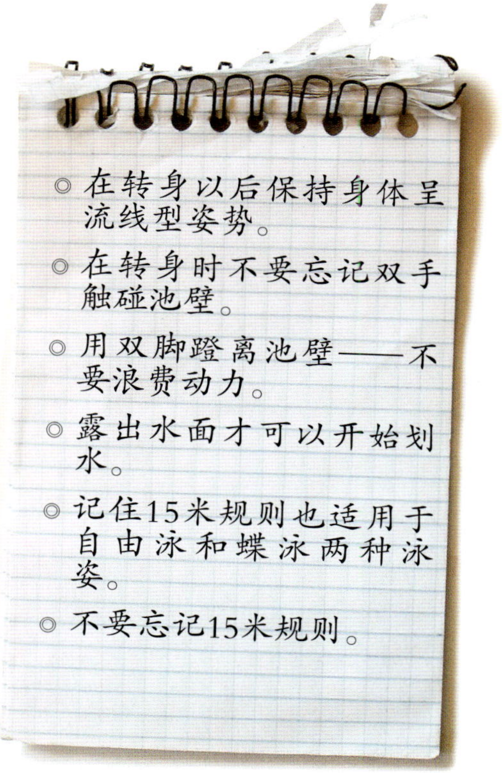

冲刺阶段——仰泳

1 在触碰到池壁之前，注视着信号旗，尽力游向池壁。

2 不用迟疑，终点即将到来。

3 冲刺过程中，每个划水动作都要完整完成以确保争分夺秒。

冲刺阶段——蛙泳和蝶泳

1 比赛规则要求，结束时必须双手触碰池壁。掌握时机是关键。

2 接近终点时，保持低头，以防影响平衡。

3 争取在一个完整的划水动作后触壁，避免在水中滑行，这会减慢冲力。

冲刺阶段——自由泳

1 冲刺阶段尽量避免换气。

2 全力以赴冲向终点，不要滑行。

3 手掌上任何部位触壁都符合比赛规则。甚至是小拇指！

冲刺阶段

完成一场游泳比赛并不像听起来那样简单，也不仅仅是碰触池壁的问题。有些运动员最后的划水动作结束时没有到达池壁，不得不游过去再触壁，因此减慢了速度，错失了赢得比赛的机会。

一场游泳比赛完美的结局是，结束最后一个划水动作后，在精准的时机触碰池壁。经过训练，顶级运动员会在靠近池壁时，调整一个幅度稍短的划水动作，然后做出最佳的结束姿势，这个动作还会为结束动作补充额外冲力。

临近到最后一个划水动作，你要尽可能地伸展身体，并向一侧旋转身体，这会使身体更快地进入流线型姿势，节省宝贵的时间。这一点小的改变足以影响比赛结果，要尽所能发挥比赛中的优势，即使是这一点点的改变！

仰泳

接近池壁时，不要放慢划水节奏。一定要记住，在冲刺阶段开始时找到信号旗，要相信信号旗的意义。在最后一个划水动作中，用强有力的正确方式向后伸展，越快触及池壁越好。

蛙泳和蝶泳

在蝶泳中，到比赛最后5米时，保持低头，这样不会打乱划水动作的节奏，也可以尽可能保持速度。对于蛙泳和蝶泳这两种泳姿而言，最后的划水动作，即将要触碰池壁时的动作，双手要划动穿过水中，身体水平，保持低头。比赛规则要求，结束时必须双手同时触碰池壁，不要用单手触碰池壁，不要因为这一个错误而毁掉一场比赛。

自由泳

最后5米或10米不要换气，以防打乱划水节奏，因为转头会减慢速度。比赛规则要求可以以任意一只手触碰池壁。

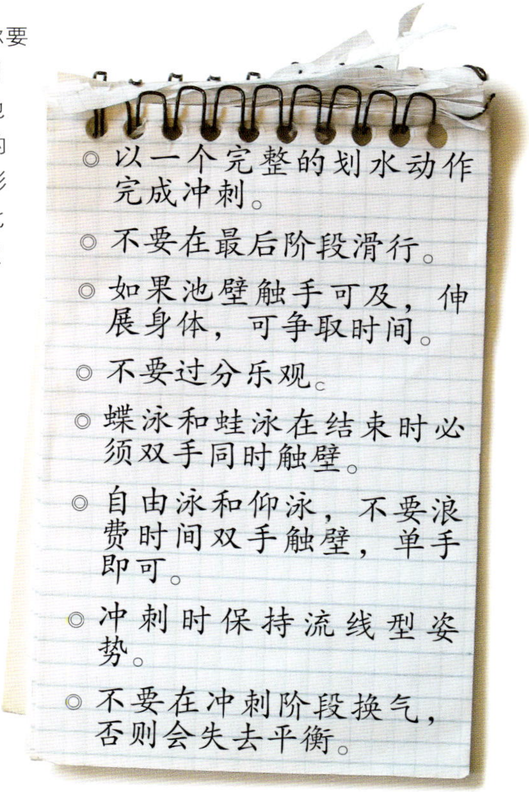

健康与训练

// 更快 // 更健康 // 更积极

训练模式

训练模式决定训练强度。开始训练时，明确训练目的至关重要。训练期的目标是什么？想要身体和心理达到什么状态？期待每次划水都要用百分之百全力推动身体，这是不现实的。这就是为什么训练计划是以轻运动量的训练开始，然后逐渐增加运动量的原因。即使运动强度增大以后，也需要预留几周相对较轻闲的时间让身体恢复。

制订训练计划时，可以参照以往的训练。如果已经开始赛前训练，就要提前了解身体能承受到什么程度。如果这是第一次正规训练，或者为新的比赛备战，那就遵从制订好的训练计划，不要随意变化（参考第68页过度训练和超负荷训练）。

正确的训练强度会有很多积极的影响。无论是身体还是思想上，不同方面训练强度的提高，都会使你游得更快、更有力。只要在正确的训练区间，即使是独立训练，也会达到专业训练的效果。

这一章节，主要讲心率监测。如果没有心率监测仪，那就用主观用力程度分级（rating of perceived exertion，RPE）进行判断。假设训练强度有1~10，10个等级，1级是很少或者毫不用力，10级是最大用力。心率除以10即为RPE指标，例如最大心率的70%~80%近似于7~8RPE。

心率监测仪会自动设定正确的训练强度。下面这个公式，就是心率监测仪使用的计算公式。

（220－你的年龄－你的静息心率）×训练强度的百分比+静息心率=靶心率。

例如，30岁的运动员，静息心率是每分钟70次，以最大心率的70%为训练强度，计算如下。

（220－30－70）×70%+70=154次/分

请记住，重要的是身体反应比心率监测仪更敏锐、准确。如果感到不舒服或者头晕，心率即便不高，也需要遵从身体反应，降低训练强度，甚至停止训练。一定要注意，在训练前，要充分热身，预留时间使心率逐渐提升。

耐力训练

60%~75%的最大心率。

训练中大部分时间都应在这个强度下。这也被称为脂肪燃烧模式训练、基础训练或者非强化训练。良好的动作技术及健康的身体，可以长时间地完成这个阶段的训练。在这种较低强度水平下，你可以完成长时间的训练。但是不要让身体承受太大的压力，要集中精力完善游泳技术。

在这个训练模式下，长时间的训练会使身体达到理想的训练状态。从生理上来讲，身体得益于一个较强的心脏，因此增加摄氧能力，可以更有效地利用氧气使身体更好地发挥作用。通过重复正确的游泳动作，肌肉将会记住该做什么，以及如何在疲劳时继续保持良好的游泳技术，这将会最大限度地提高速度和效率。

在这个强度区间训练，也会燃烧脂肪。当训练强度较低时，身体的主要能量来源是脂肪。因此长时间地进行这种低强度训练，相当于在燃烧大量的身体脂肪。

这对大多数人而言是个好消息，因为可以很直观地看到体脂率在降低，也能体会到更好的运动状态。在这个区间坚持训练一段时间后，就会发现，以同样的心率游泳，可以游得更远。有些人可以很快地注意到这种进步，并且激发他们继续训练。

无氧/乳酸阈训练

80%~90%的最大心率。

以80%~90%的最大心率训练只是一个指导方针。确定乳酸阈值的唯一方法是在实验室进行测试，但很多人没有机会进行这个测试，因为测试很贵，而且需要采血。

最好的替代方法是自己做一次计

时测试。规定一个在30分钟内很难游完的距离，然后计算这段时间的平均心率。如果在测试期间，出现肌肉疲劳而不能继续，或者肌肉发热、身体不能承受要停下。记录下此时的心率，这就是乳酸阈值心率。

为什么身体会有这种反应？为什么乳酸阈值很重要？不用疑惑，这种强度训练的主要能量来源是糖原（糖原储存在肌肉中），消耗糖原带来的副产物是乳酸。一旦乳酸累积到一定水平，运动能力就会大幅下降。因此，正确的训练会提高乳酸阈值，使身体可以更有效地释放乳酸。

尽管乳酸阈值训练量没有耐力训练多，但是乳酸阈值训练可以大幅提高运动状态，使身体可以在较低的心率下完成更快、更远距离的游泳。在低心率状态下，产生的乳酸较少，可以使肌肉减少疲劳感，获得惊人的训练成效。

警戒区训练

90%~100%的最大心率。

耐力运动员很少使用这个模式。这主要适用于速度及间歇训练。即使你身体非常健壮，也只能持续很短的时间。需要注意的是，心率会因为其他因素增快，因此就需要相应地调整训练模式。脱水、身体发热和训练场地海拔增高均可导致心率增快7%~10%。

心理素质与动机

一般情况下，备赛阶段及早期的训练课程容易充满激情。但这种激情很快就会消退，人们很快会感到单调且消极。

有什么措施可以预防这种情况发生呢?
第一，给自己设定切实可行的目标。目标可以是完成一件事，也可以是设定一个特定的时间来完成某个游泳距离。无论目标是什么，它都应该是具有挑战性的，也必须是可以实现的。

第二，要灵活地设置目标。训练过程中有可能发生意外状况，如受伤，这时会有一段时间无法正常训练。最好的办法是降低难度和重新调整目标，继续向目标努力；但如果发现无法完成目标，那么就需要重新调整。

设定计划时，要保证有充足的精力和时间来完成训练。如果不切实际地每周安排八次训练课程，总会因为一些原因错过一些课程。这会让人感到沮丧，并且最终影响训练进程。因此，要在训练、工作、家庭生活中找到平衡。

那么，有什么积极的办法吗?
首先，与朋友或志同道合的人一起，训练会显得更加容易。如果你一直独自训练，那就四处看看。你也许会惊喜地发现有许多游泳俱乐部、播客、网站论坛等就在你的身边。知道其他人也经历过这些过程后，心里会觉得舒服很多。

最好是结伴训练。即使采用完全不同的训练方式，结伴训练也是很好的激励方法。这种方法可以督促你按计划开始训练，并且在与他人讨论训练的过程中，避免你因为负面情绪躲在家中跳过训练阶段。

当你经历糟糕的一天，感到疲倦，并试图想缺席一节训练课时，有两件事可以做。首先，告诉大脑“我只是去做热身运动”，一旦准备好并且热好身，99%的情况下你的身体就会认为自己已经准备好去迎接更激烈的运动了；其次，不断提醒自己，训练都要具有连贯性，一旦错过太多训练课程，训练的连贯性被打破，身体的损失是不能弥补的。

比赛日

如果只用一个词来形容比赛日的状态，那就是“积极”。既然已经完成了训练，那目标就是可实现的，那么你就没有理由不积极应对。

为了使心理达到比赛的状态，要提前准备好当天的后勤工作：装备、旅行计划和住宿安排等，要预留充足的时间，这样就不会在比赛前最后一分钟感到恐慌。比赛当天会遇到有很多人聊天，保持冷静和积极的心态，你可以沉浸在自己假想的“水泡”里，与外界隔离，保持积极。

如果是耐力性的比赛，关键不是要超越自我，而是要保持持久。如果已经按正确的计划开始训练，那么就按步骤迅速建立正确的运动节奏，然后保持这种节奏，肾上腺素会快速进入体内。训练一开始，运动员容易被其他事物影响，只有忍住这种诱惑，才能坚持完成比赛计划。

此刻有多种方法让你保持头脑清醒。比较简单的方法是计算划水动作的次数，这会让注意力集中在眼前的任务中，并可让思绪停止飘荡。在耐力训练项目中，大脑没有产生迟疑的情况是非常罕见的。

正是在这个时候，大脑需要一些积极的想法，如想象一下拿到了奖牌、在酒吧吹嘘自己，或者想象家人和朋友为自己高兴时的表现都会有所帮助。这些想象是避免比赛负面情绪的一种好方法，有助于度过艰难的时刻。

在认清目标并不能顺利实现时，必须要快速重新评估目标，并做出相应的速度调整。这实际做起来比听起来更难，如果下决心去实现一个目标，发现目标不能实现时，放弃的念头就会出现。这时，不要放弃！你要重新评估并稍做停留。坚持完成比赛，你就会取得很多收获，并且很欣慰自己能坚持向前。

比赛结束后

比赛结束后，给自己一点时间去享受和放松。预留几周的时间让身体恢复。长时间的耐力项目会给运动员带来很大的压力，身体和心理都需要空间和时间来恢复。训练过程很艰苦并且耗时，你要留出间隔休息的时间，同时这也是评估比赛、训练及设定新目标的好时机。

无论在比赛中发生了什么事，记住其中积极的部分。即使刻苦训练，没有取得理想的成绩也是很常见的。即使没有完成目标，或者距离目标还很远，也要给自己信心和恰当的肯定。完成训练和专注于比赛本身就是一项成就。

无论比赛结果如何，回顾过去，想一想以后可以完成什么程度的训练。例如，在完成的训练计划中，训练量足够吗？ 目标是否现实，是否参加一个较短或者更长的项目？记住在下一个挑战开始之前给自己预留点时间。

预防损伤

游泳的优点是运动损伤风险较小，因此医生、康复师和教练经常将其规定为低伤害风险运动。但是，当训练带有竞争性，要有更快的速度和强度，要增加游泳距离时，一些问题就会发生。

为什么？答案很简单——过度使用。肌肉在运动中会出现微型损伤，主要损伤的部位是肩关节和膝关节。蛙泳中，因为蹬腿的姿势（蛙泳膝），膝关节会有损伤。肌肉的血液供应较差，尤其是肩关节，可能会导致肩关节疼痛，更确切地说是冈上肌腱炎或肩袖损伤。

如何避免受伤呢？首先要记住，任何运动都有损伤风险，对比赛成绩追求越高，损伤的风险就越大。当然如果没有任何追求，也会有点乏味，所以不要对追求成绩产生恐惧，只要做一些能够减少损伤风险的预防措施，就会取得很好的成效。

如果身体在做高强度运动前做好了准备，结果就会完全不一样。尽管不能与肌肉负重情况下达到一模一样的训练效果，但可以靠肌肉收缩进行训练。
正如在交叉训练章节中所讨论的（参考第79~109页），避免连续进行负重训练和大量泳池练习，大量泳池练习最好与负重训练间隔18小时。

当然，也可以根据自身的习惯调节训练间隔。大负重训练了一段时间肌肉会很累，需要一段恢复时间。此时，比较好的选择是做几天强度较小的泳池练习。

预防损伤最好的方法就是遵循训练计划。大多数训练计划都是逐渐增加游泳圈数，以及提高游泳速度（一般是间歇训练）的。

训练目的是为了提高有氧运动和无氧运动能力，从中也会使肌肉受益。肌肉强度的增加本身也是预防损伤的方法，同时也有助于完成目标。

掌握高超的游泳技巧非常重要。有些游泳运动员试图游得更快，游到哪里都水花四溅，如果继续使用这种糟糕的技术，进行如此激烈的训练就会有很高的受伤风险。

好的游泳技术是用最小的做功产生最大的动能，也可以让身体游动得更流畅、更自如。例如，蛙泳中，膝关节需要旋转，但这并不是膝关节自然运动的方式，所以如果动作不正确，膝关节会受到更多的压力，也就存在更大的损伤风险。

拉伸是保持身体平衡的重要方法，也可以减少受伤的风险，因此要特别关注拉伸这方面的训练（参考第71~77页）。

过度训练和超负荷训练

疲劳感是非常重要的，它会让你知道自己正在接近生理极限。训练的目的是为了提高游泳表现，同时身体在受到压力的情况下会对此做出积极的反应。然而过度或不正确地刺激身体，也会带来不良影响。

疲劳程度

1.第一级疲劳是低血糖——血糖水平偏低。身体耗尽了糖原储备，又没有摄入足够的碳水化合物，并且仍然继续游泳，那么就会出现低血糖。
2.训练后的疲劳感是几个小时剧烈运动的自然反应，这说明身体已经临近正常的训练极限。
3.身体超负荷状态是更加疲劳的表现，是在高负荷训练后出现的短期状态下降（参考第145页）。疲劳是最常见的症状。同时，疲劳也是身体发出的一个警告。足够的恢复时间会让身体变得更快、更强。
4.过度训练会让人衰弱及长期感到疲劳（通常持续数周，有时甚至几个月），会使运动表现明显下降。

过度训练和超负荷训练会导致一些不可避免的后果。首先，如果训练强度过大或时间过久，免疫系统功能会下降，会更容易生病。在备赛阶段，感冒会使运动状态下降很多。顶级耐力运动的运动员会有非常长的一段时间避免生病。

除此之外，还有可能受伤。过度使用肌肉，不管在健身房或游泳池，重复同样的动作，都会导致身体损伤，对于游泳运动员主要是肩部和膝盖的损伤。

心理疲劳是另一个关键问题。如果不停地对自己施加压力，强迫自己继续训练，最终有可能导致厌恶心理。针对每一次训练设置不同的目标，会有助于从心理上做好训练准备。

如何预防过度训练

过度训练最常见的原因是训练负荷过大、恢复周期不足、饮食不良（碳水化合物或其他营养元素的量摄入不足）、旅行因素和训练中缺乏多样性。

所以如何预防过度训练呢？要在长期（中周期）和短期（微周期）内维持训练和恢复二者之间的平衡（参考第145页）。这意味着，在几周的剧烈训练后，一段时间（通常是1周）内应该降低强度，并且应该增加休息的天数。目的是为了让身体完全恢复体能。

大多数的训练项目包括每周1~2个休息日，以及1天或2天的放松游，目的是恢复体能。没有数量或强度变化的单调训练，也会严重增加过度训练的风险。 解决问题的关键在于合理规划个人的训练计划：偶尔超负荷训练，但又不会过度训练。你最大的挑战是找到属于自己的训练界线。

拉伸

拉伸在预防损伤和提高整体运动成绩中至关重要，但许多人往往不重视它，因为它是“柔韧”部分的训练项目。事实上，在训练中，拉伸与大负重训练或者高强度训练一样重要。不要因为想投入更多的时间去努力练习，而不进行拉伸训练，这是巨大的错误。

在常规训练后，有些肌肉会缩短。为了维持整个身体肌肉的平衡，不可跳过有助于维持肌肉形态的拉伸训练。拉伸活动不仅在开始训练之前起着重要作用，在训练结束后也要进行拉伸。

虽然在一次艰苦的训练或比赛之后，坚持拉伸是很难做到的，但是，运动员还是应在一次繁重的训练之后花比训练前更长的时间来做拉伸。通常，最好是在锻炼结束后拉伸刚刚锻炼过的肌肉，每次至少1分钟。这有助于预防疼痛和损伤，也可预防训练或比赛中身体肌肉的短缩和肌肉的不平衡。一组蹲起运动后应拉伸一下股四头肌、腘绳肌、臀肌，小腿肌和腰背部肌肉。这些只是基础的拉伸。当运动强度增大时，最好利用休息日做更深层次和更长时间的拉伸。许多人不重视这方面的训练，认为休息一天就是什么都不做。但是我们应该养成拉伸的好习惯，拉伸努力训练了1周的肌肉。在训练间歇也可以适当拉伸。

更深层次的拉伸，可以提高身体的柔韧性和平衡，推荐参加瑜伽或拉伸课程进行深度拉伸。拉伸对运动状态有很大影响，要认真对待，不要认为这是无所谓的事情，拉伸是严格训练中的一部分。

在比赛或训练前，你的压力会增加，所以在拉伸前，要注意呼吸。通过鼻子做几次深呼吸，或者做一组深呼吸（腹式呼吸）。在运动中，尤其是在高水平的运动中，小细节会产生重大的影响。这就是为什么即使只缓解一点点压力也可以促进能量的释放，即使只是几秒钟也有助于保持专注和放松。

在接下来的几页中，是一些主要的拉伸动作。你可以在训练或比赛前后使用，但也不要忽视在休息日进行拉伸。还有，虽然可以针对训练的肌肉做牵伸，但是不能只拉伸这部分肌肉，要拉伸尽可能多的肌肉来保持整体平衡。

拉伸——股四头肌

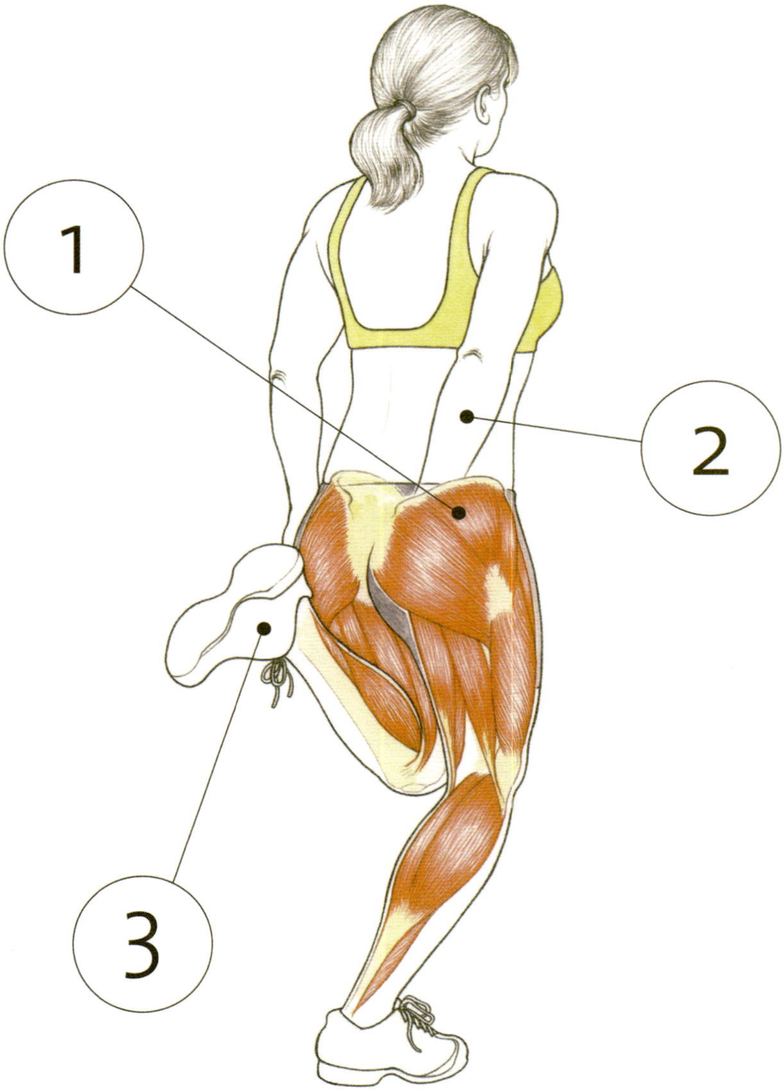

1 站直，抓住一只脚的脚背（鞋带处），把脚跟轻轻拉向臀部，直到股四头肌有牵拉感。髋关节前倾可以加深拉伸。

2 如果平衡感不好，可以用另一只手扶住牢固的物体。在比赛和训练之前，每条腿坚持10~20秒，两腿交替进行。

3 做动态拉伸，一旦股四头肌有发热感，在不用手的情况下，让脚后跟向后踢10~15次。注意不要在水池或者湿地面这样拉伸。

拉伸的肌肉： 股四头肌和髋屈肌。

拉伸——手臂摆动

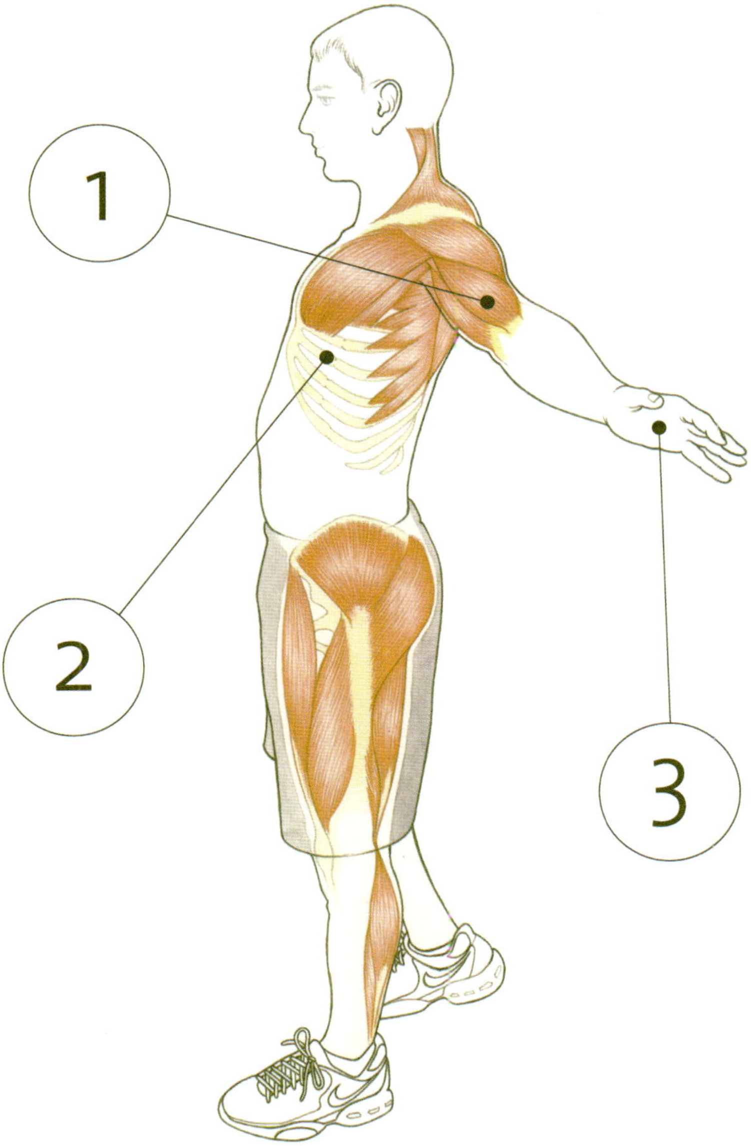

1 站直，手臂向前、向后各环绕4~6圈，开始时缓慢，随后逐渐形成摆动惯性。

2 随着手臂的摆动，牵伸胸部肌肉。开始时，手臂一起指向前方，然后轻轻地把手臂摆到体侧保持平举，动作要平缓，不要过快、过急，因为这会给肌肉带来过大的压力。

3 结束时肌肉已经放松了，把手扣在脊柱底部下面，轻轻抬起手臂，向远离身体的方向牵伸胸部肌肉。

拉伸的肌肉： 三角肌和胸部肌肉。

拉伸——开肩

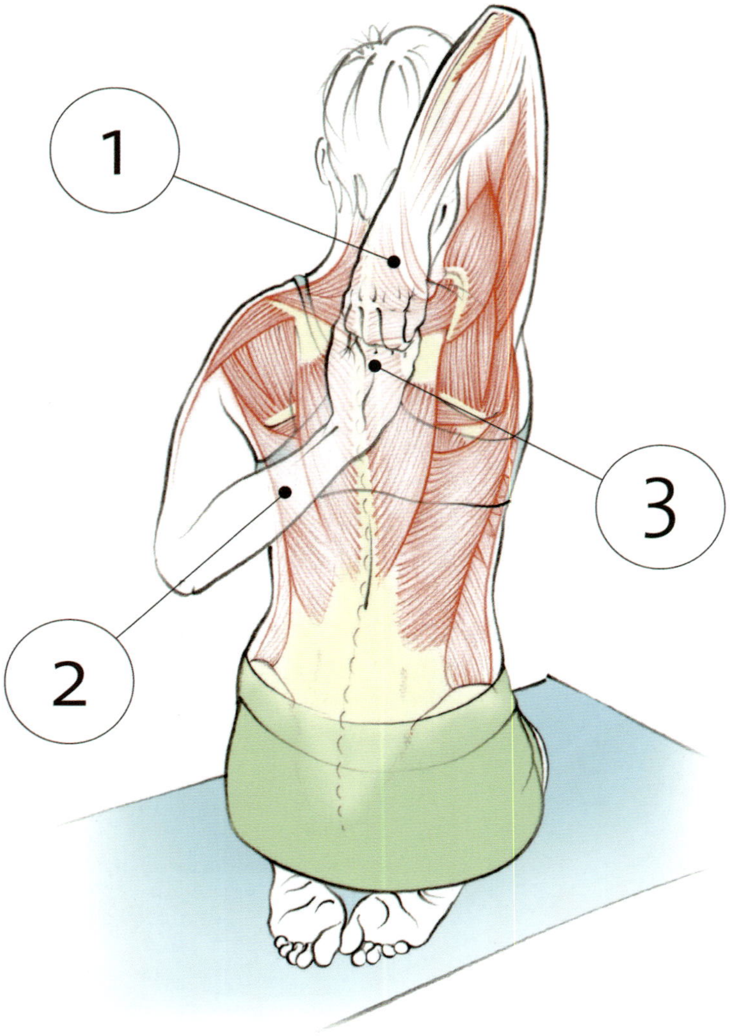

1 这种拉伸可以站着进行，也可以坐位进行。一只手臂指向天花板，贴近耳朵。然后把手尽可能地放到背部中央。另一只手臂在背部向上伸，然后双手紧紧地扣在一起。这个动作需要肩关节的灵活性。

2 如果不能把两只手扣在一起，那么可以用上方的手握住毛巾，下方的手抓住毛巾的另一端，轻轻拉伸。

3 保持拉伸15~20秒，两侧手臂都要牵拉。

拉伸的肌肉： 三角肌等肩部肌肉和肱三头肌。

拉伸——肱三头肌

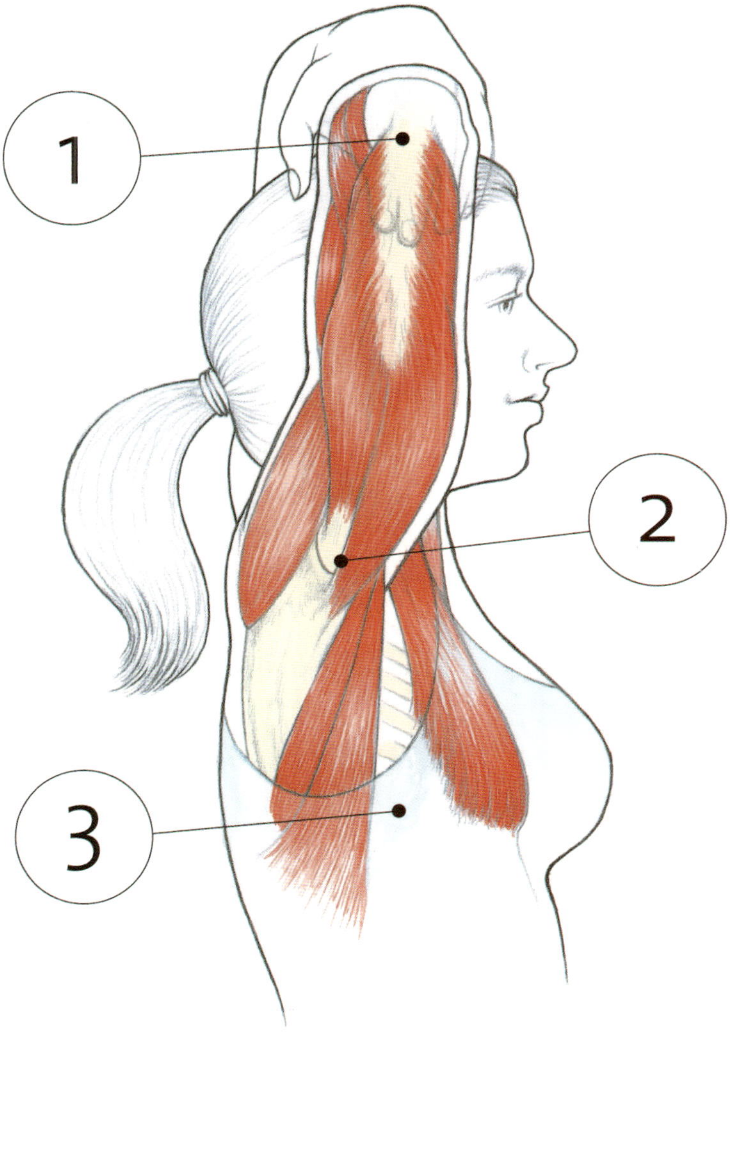

1 这种拉伸可以站着进行，也可以坐位进行。先把一只胳膊伸向天花板，然后把手臂放在头顶上方，再用另一只手轻轻地将这只手臂向头部后方拉伸，直到感觉到肱三头肌被牵拉。

2 为了增加强度，可以在向后拉伸时，同时向远离该手臂的方向进行侧向拉伸并保持这个动作。

3 保持拉伸15~20秒，两侧肱三头肌都要拉伸。

拉伸的肌肉： 肱三头肌和上臂外侧肌肉。

拉伸——腘绳肌

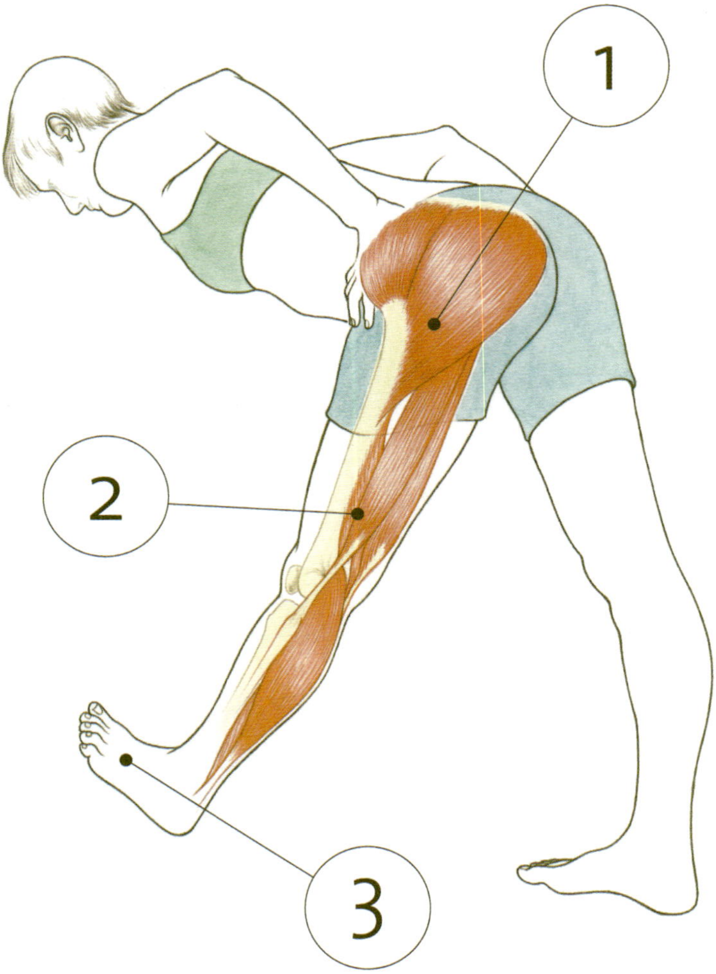

1 从起始位置，在自然的步态下向前伸展一条腿。把手放在髋关节上，保持背部挺直，然后弯腰身体前倾，感觉腘绳肌的牵拉。

2 保持牵拉30秒，放松10秒，然后重复，每一次增加牵伸一点幅度，再保持30秒，另一侧腘绳肌重复相同的动作。

3 同时为了增加小腿的拉伸，可以脚跟着地，勾起脚背。

拉伸的肌肉： 腘绳肌和小腿肌。

拉伸——坐位内收肌

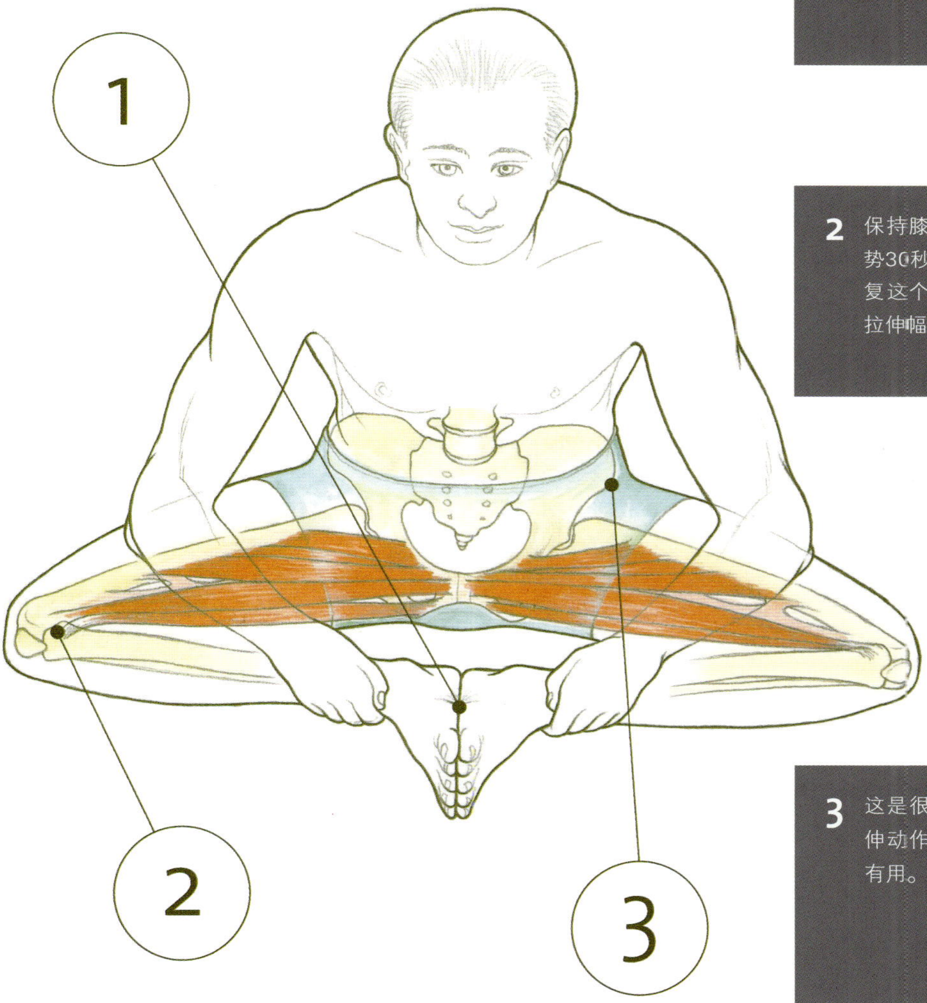

1 坐位，两脚掌相对，双腿向两侧打开。吸气，坐直，紧握脚踝，背部向下挤压，膝关节尽量压向地面。

2 保持膝关节最贴近地面的姿势30秒，然后放松10秒，重复这个练习。每次增加一点拉伸幅度，并保持30秒。

3 这是很好的打开髋关节的拉伸动作，对蛙泳运动员特别有用。

拉伸的肌肉： 大腿内收肌。

交叉训练

// 更强壮 // 更坚韧 // 更有力

基础知识

如果为了某一项特殊的运动在进行训练，那么毫无疑问，针对这项运动提高成绩和表现的最好方法，就是多练习。如果想成为游泳运动员，那么就去游泳，游泳，再游泳，就这么简单。

那么，为什么要进行交叉训练？

交叉训练有4个目的：强化特定的1块或者1组较弱的肌肉，预防损伤，提高运动的积极性，以及维持体能。

无论是什么项目，大多数教练员都会在运动员的日程表里设定力量训练。当然，项目不同、比赛的距离不同、目标不同，力量训练方法也不同。

一般，短距离项目需要更多爆发力和力量，这可以通过负重训练获得。对于耐力项目而言，建议力量训练与大量的泳池训练间隔久一点。例如，要在6个月内参加一场比赛，可以在开始的6~8周，采用高负重低频次（重复8~12次）的训练模式；然后，减轻负重增加重复频次（最多重复15次），训练几周；在这之后，结束负重训练，专注于游泳训练。

然而，一切都取决于目标具有多大的挑战性。在上述训练计划之后，依然可以继续力量训练，但要记住，力量训练会使肌肉疲劳，影响整个训练计划。如果不想完全放弃交叉训练，可以用核心训练和拉伸训练来替代力量训练。总之，力量训练会使游泳产生更大的动力，但是不要过度训练，要时刻谨记训练的目标。

确定并强化运动链中的弱点

交叉训练的一个好处就是，可以针对游泳运动中身体的薄弱点进行训练。无论是打腿还是划水，或是维持身体平衡，不管哪个方面有弱点，都可以在健身房进行特定部位肌肉的训练。例如，如果弱点在腘绳肌（腿的后侧）和臀肌，可以通过深蹲（参考第84页）和腘绳肌弯举（参考第86页）来加强这些肌肉的力量。再进行游泳时，就会体会出明显的差别。

然而，要牢记的是，乳酸堆积是造成身体疼痛的主要原因，而缓解这种疼痛的最好方法，就是在游泳中保持这些疼痛肌肉持续运动。

预防受伤

针对运动项目进行特定训练的主要目的是预防损伤。伤病能摧毁数月努力训练的成果，对一些业余爱好者而言，甚至会摧毁他们的运动梦想，也会让日常生活非常不适。那些运动导致背痛的人，每天还要在办公室工作8小时，问问他们的感受就知道了。

过量增加游泳的训练量会让身体感到不适，因为肌肉承受的强度比以往高了许多。例如，如果腘绳肌紧张，那么拮抗肌——股四头肌，就相对较弱，这就可能造成骨盆倾斜，从而引起背痛。

因此，力量训练的要领（参考第107~109页）不光对游泳有益，还能保持身体肌肉平衡，你也可以通过普拉提课程加强核心训练。

这些训练也可以简化应用。当然，参加普拉提或者瑜伽课程，可以保持核心力量、保持肌肉平衡及肌肉支持。这些训练的另一个好处就是减少了受伤的风险，这些低强度的训练在休息日都可以进行。

拉伸运动在预防损伤中也起着举足轻重的作用。（参考第71~77页）

训练积极性

在积极的备赛阶段，有时要从不停在泳池来回训练的惯性中抽离一下。每周1次不同方式的训练，会使精神和身体都焕然一新。在抗阻训练中适当加入一些基础的目标也能够保持训练的积极性。比如，可以设定在两个月内将抗阻训练的负重增加到一定的比例。

值得注意的是，要根据自身情况设定合理的目标，如果已经达到

了比较高的负重水平，那么再提升的空间就比较小，所以一定要按实际情况设置目标。

常规训练

很多人是以塑形为目的开始游泳运动的，当然，这也是这项运动的好处之一。然而针对某项运动的专业训练，就只适合这项运动。有一些训练部分是可以在各项目中交叉运用的，但是想要身体更健康、获得更好的成绩就一定还需要些特别的锻炼。不同距离的跑步运动员就是一个很好的例子，一位优秀的百米运动员很难在马拉松比赛中取得好成绩，反之亦然。所以如果是以保持健康为目的游泳，那就不要忽略交叉训练。

腿部——深蹲

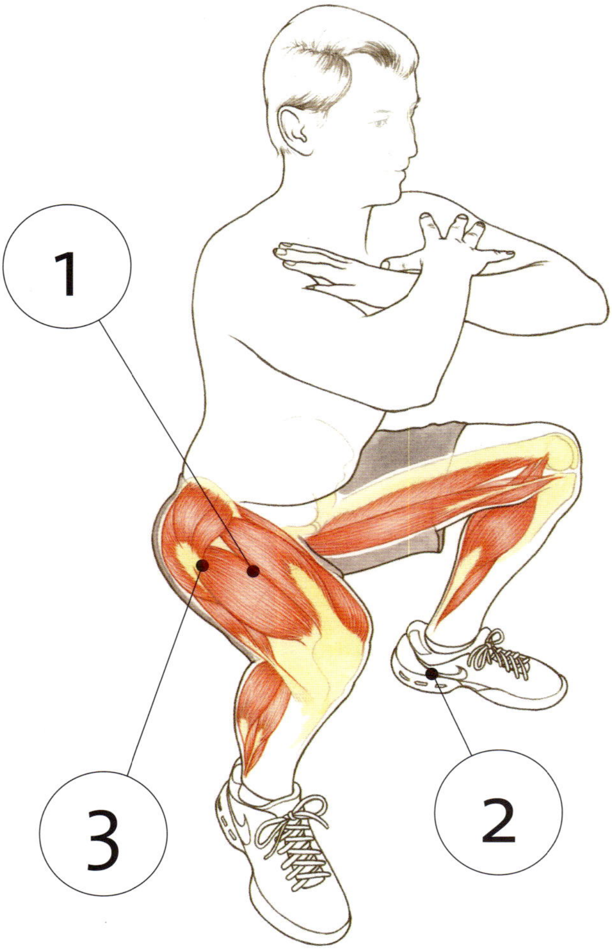

1 保持膝关节放松，渐渐收紧腹肌和臀肌。向后坐，像坐在一把椅子上，直到大腿与地面平行。起身回到起始位置。

2 重心在脚跟上，这样能够最大限度地刺激臀肌和腘绳肌。尽量保持背部挺直，膝关节在脚的中趾上方。

3 觉得疲惫时，将注意力集中在腹肌和臀肌的收缩上，这样可以保护腰背部。调整呼吸，起身时呼气。

使用到的肌肉

主要肌肉：股四头肌、臀肌、腘绳肌、腰背部肌肉（竖脊肌）。

次要肌肉：小腿肌。

此训练如何提升游泳表现？

膝关节损伤是游泳运动员常见的伤病之一。这个训练将会加强膝关节周围肌群的力量，避免韧带损伤，还能够增加腿部爆发力。

腿部——箭步蹲

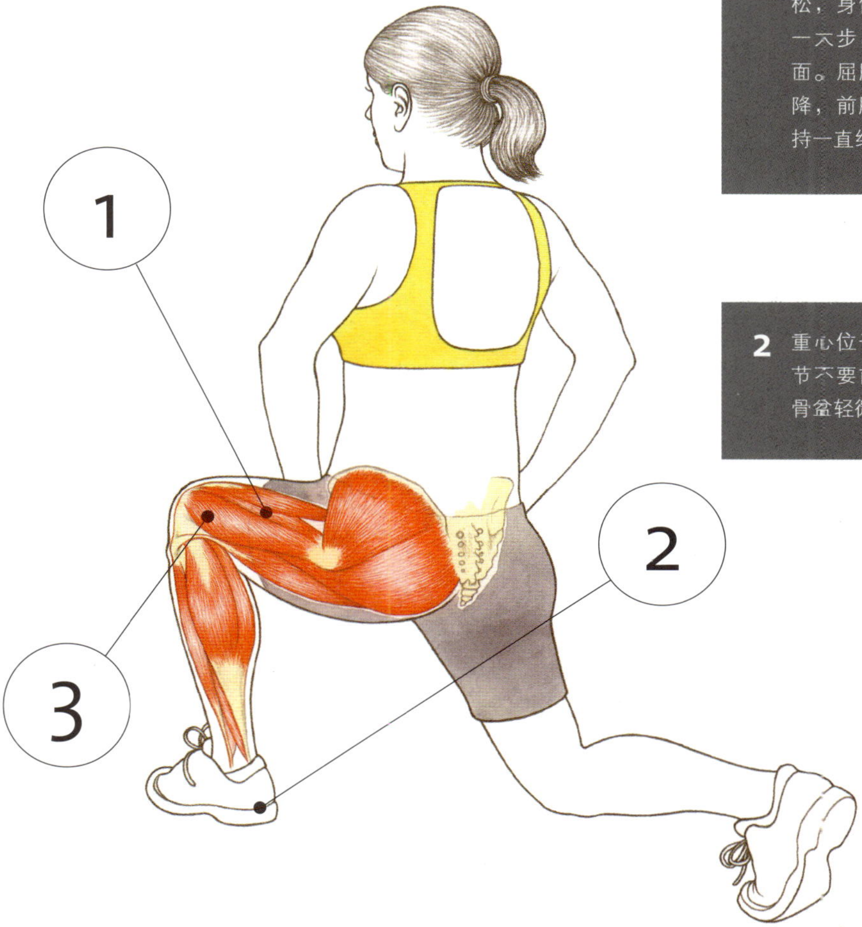

1 双脚与髋同宽，膝关节放松，身体挺直，然后向后跨一大步，保持脚后跟离开地面。屈膝，使后腿膝关节下降，前腿膝关节与足中趾保持一直线。

2 重心位于前脚跟，前腿膝关节不要前移超过脚尖。保持骨盆轻微卷起。

使用到的肌肉

主要肌肉：股四头肌、臀肌、腘绳肌、小腿肌。

此训练如何提升游泳表现？

这些肌肉在蛙泳夹水动作中起重要作用，训练可以使肌肉发挥更大的爆发力及更高的效率。维持肌群的张力还能够避免拉伤和扭伤。

3 箭步蹲的感觉是直上直下的 没有向前的移动，这样作用力才会在前腿膝关节上。

腿部——腘绳肌弯举

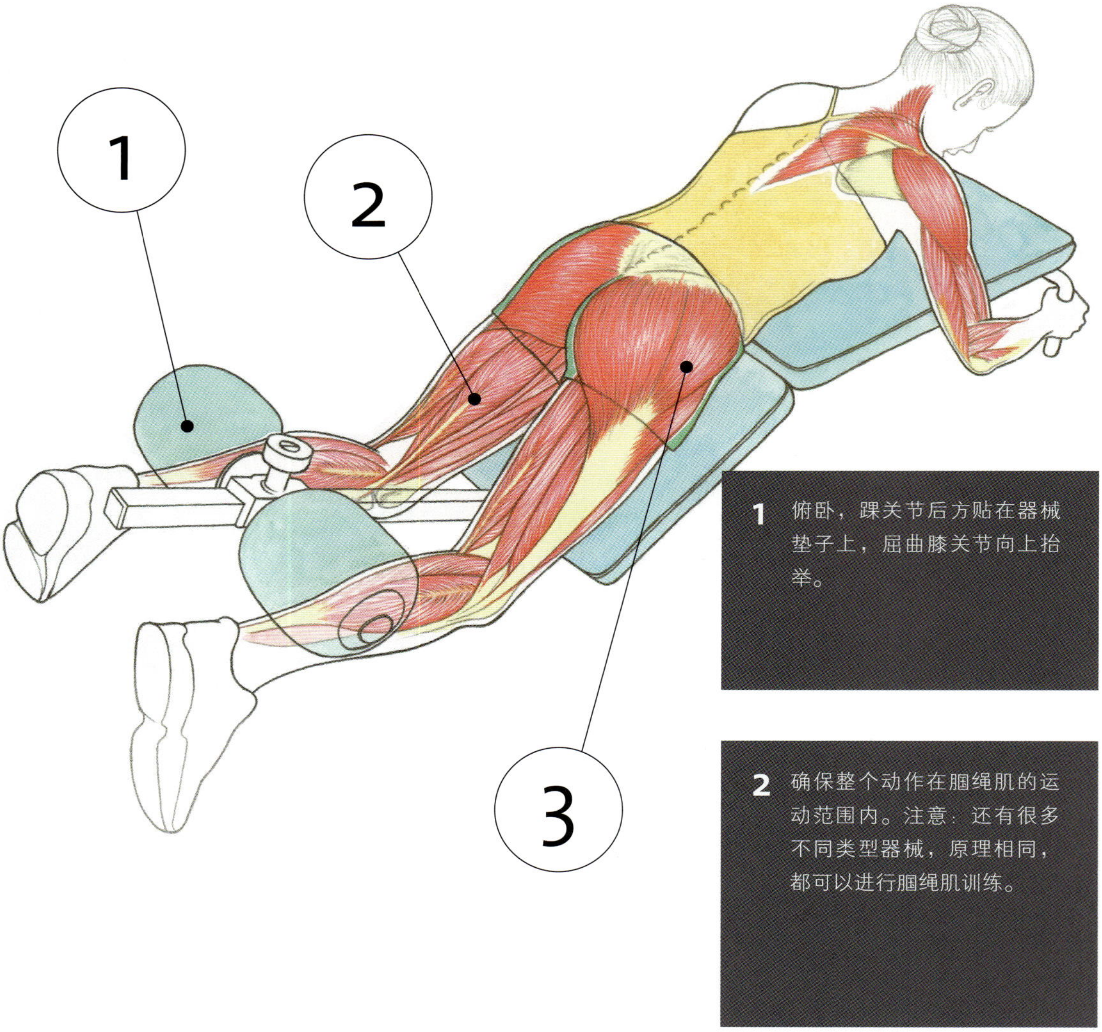

1 俯卧，踝关节后方贴在器械垫子上，屈曲膝关节向上抬举。

2 确保整个动作在腘绳肌的运动范围内。注意：还有很多不同类型器械，原理相同，都可以进行腘绳肌训练。

3 避免髋关节上下活动。收腹，保持髋关节稳定，也避免背部受伤。

使用到的肌肉

主要肌肉：腘绳肌、臀肌。

此训练如何提升游泳表现？

自由泳与蝶泳时大多数的动力来自于身体背面。此项训练能够加强打腿发力肌群中最重要的部分，同时维持肌肉的形态。

腿部——上台阶

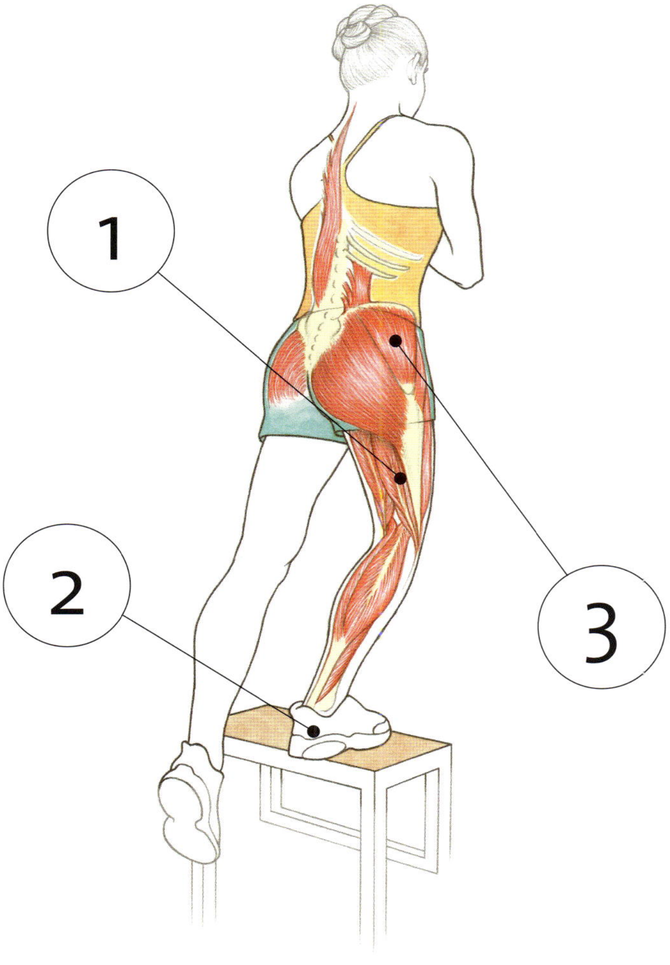

1 站在离板凳或者台阶约30厘米远的位置。一腿先上台阶，尽量保持膝、踝关节成直角，然后另一腿跟上。

2 当第一条腿踏上台阶后，放下脚后跟，可以保持身体稳定，并激活正确的肌肉。

3 时刻保持身体挺直，避免身体向前倾斜。可以手持重物增加训练强度。

使用到的肌肉

主要肌肉：股四头肌、臀肌。

次要肌肉：腘绳肌、小腿肌。

此训练如何提升游泳表现？

小腿肌和股四头肌力量越强，在出发台上就越容易保持平衡。在跳台出发时，这些肌肉能产生的力量越多，你能取得的优势就越大。

腿部——提踵

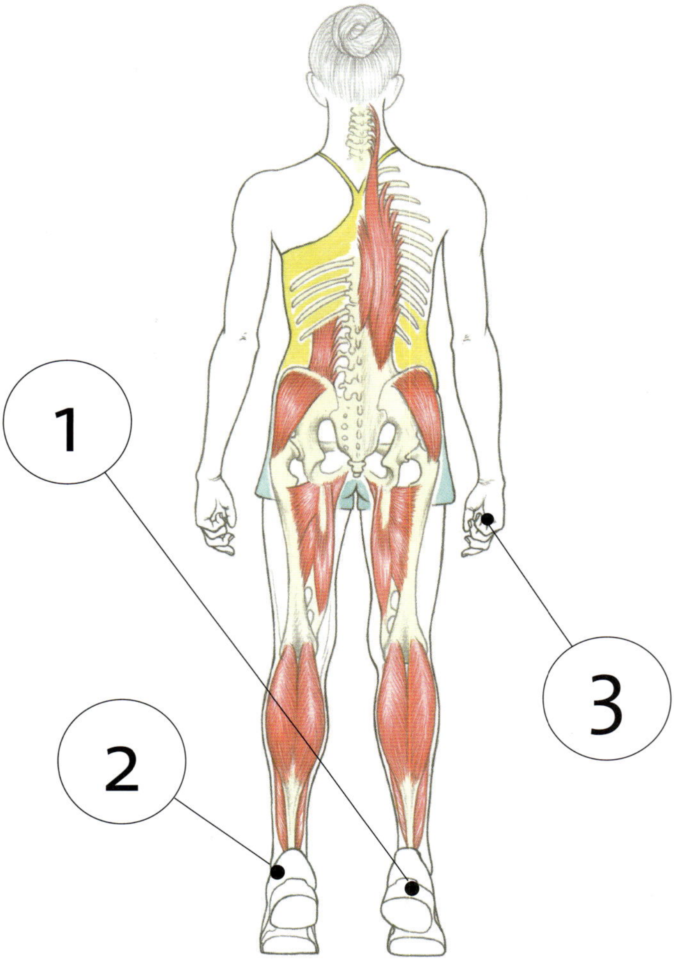

1 双脚与髋同宽，身体挺直。抬脚跟，重心移至足前部，随后身体下降至起始位置。

2 脚踝保持中立位，避免脚踝左右偏移，始终保持身体挺直。

3 可以双手各持一个重物增加训练强度。如果没有合适的装备，罐装食品或者一些方便手持的重物也可以。

使用到的肌肉

主要肌肉：小腿后侧肌肉。

此训练如何提升游泳表现？

这项训练针对小腿后侧肌群，小腿后侧肌群对你起步时跃入水中来说至关重要，特别是在仰泳比赛中。这项训练可能看上去没有太多作用，但时间长了你就能体会它的益处。

腿部——深蹲跳

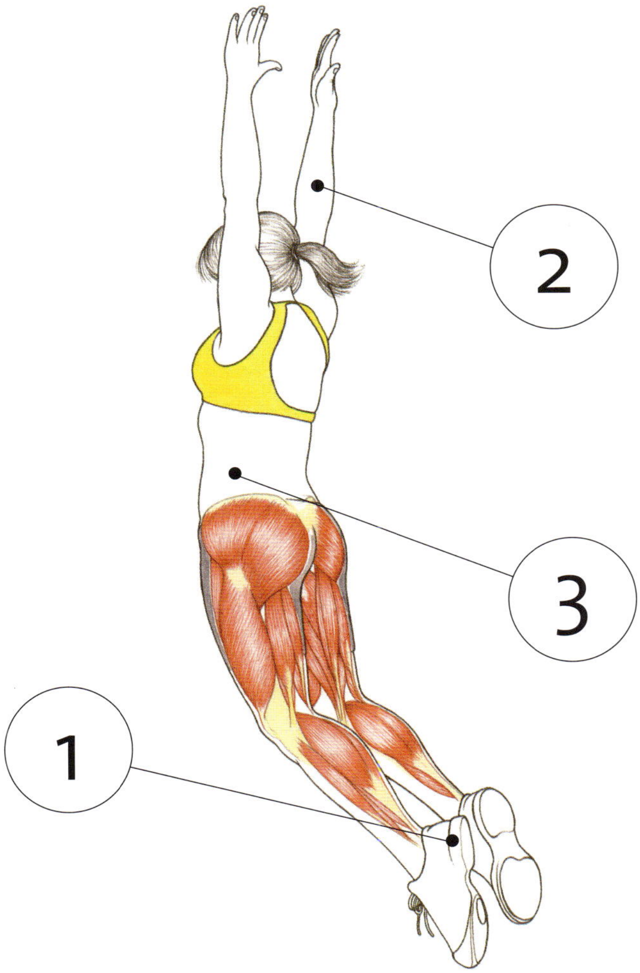

1 这是进阶的动态训练。先蹲下然后双脚同时向前起跳，运用足跟－足尖的动作着地，落地时屈膝，以缓冲落地受力。

2 两次重复之间，稍微停顿一下，使身体处在有准备的开始阶段。可以通过摆动双臂获得更多冲力。

3 所有的动态训练，如果方法不得当，都有较高的受伤风险。所以即便感觉疲劳，也要保持微微收腹，放松着地。如果不能维持，就停下休息。

使用到的肌肉

主要肌肉：股四头肌、臀肌、腘绳肌、腰背部肌肉。

次要肌肉：小腿后侧肌肉。

此训练如何提升游泳表现?

在游泳运动中，下肢产生的动力多过上肢，这个训练可以加强起跳和每次踢腿时下肢的发力能力。

肩部——肩推

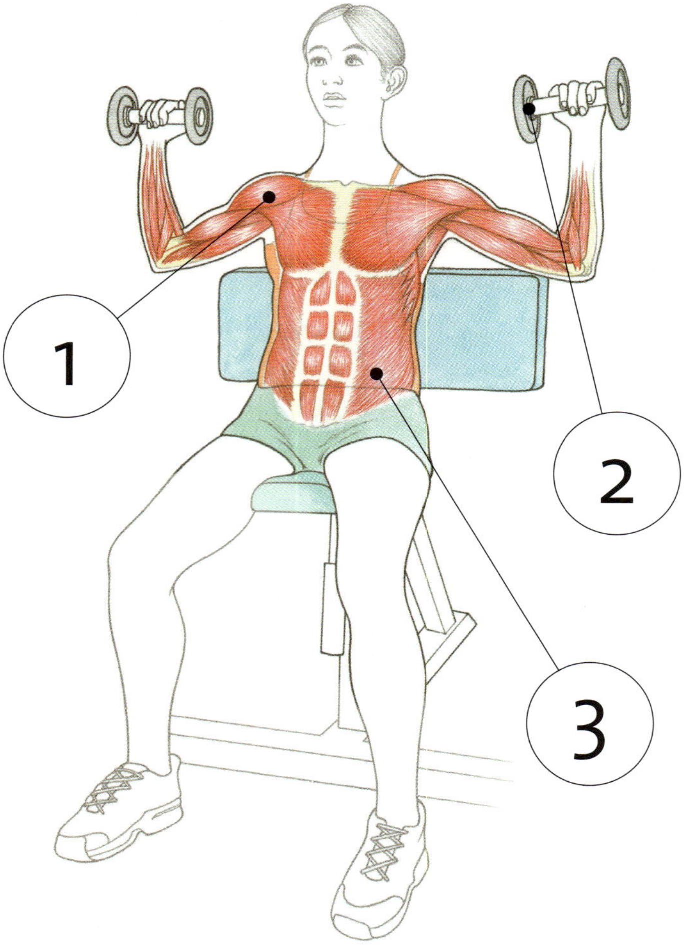

1 坐位，确保肘关节与肩膀位于同一高度。屈肘成直角，手握重物朝上，将重物向天花板方向推举，并在最高点将其轻轻靠拢。

2 手臂弧线运动，控制两手臂动作，不要在最高点相撞。

3 在训练中注意腰背部不要拱起。收腹、骨盆略微卷起有助于背部的挺直。

使用到的肌肉

主要肌肉：肩部肌肉（三角肌）。

次要肌肉：肱三头肌。

此训练如何提升游泳表现？

与膝关节一样，肩关节损伤是游泳运动中最棘手的问题，因为在自由泳、蝶泳和仰泳中肩关节是最主要的运动关节，这项运动能强化肩关节。

* 非负重下进行此项训练，双手握紧弹力带于相同起始位置开始训练。将双脚放在弹力带上并且双手在与负重情况相同的运动轨迹上从肩膀开始画出弧线举向最高点。

肩部——侧方飞鸟

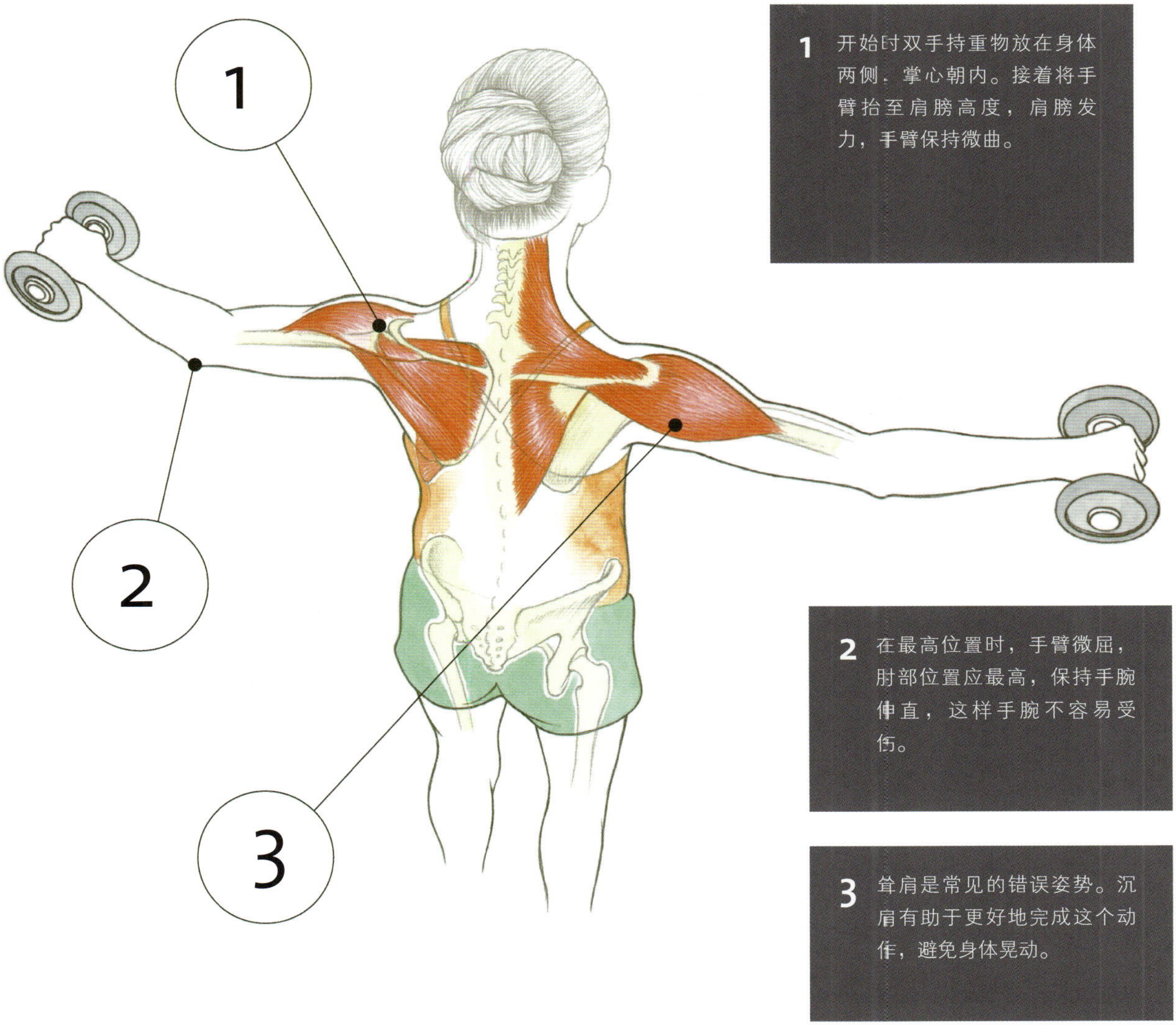

1 开始时双手持重物放在身体两侧，掌心朝内。接着将手臂抬至肩膀高度，肩膀发力，手臂保持微曲。

2 在最高位置时，手臂微屈，肘部位置应最高，保持手腕伸直，这样手腕不容易受伤。

3 耸肩是常见的错误姿势。沉肩有助于更好地完成这个动作，避免身体晃动。

使用到的肌肉

主要肌肉：肩部肌肉（三角肌）。

此训练如何提升游泳表现？

仰泳出发中的重要部分是手臂向后甩，这项训练能够加强手臂的外展。

* 在非负重情况下进行此项训练，双手握紧弹力带于相同起始位置开始训练。将双脚放在弹力带上，双手在与负重情况相同的运动轨迹上从身体两侧开始画一条弧线举向最高点。

肩部——肩袖训练

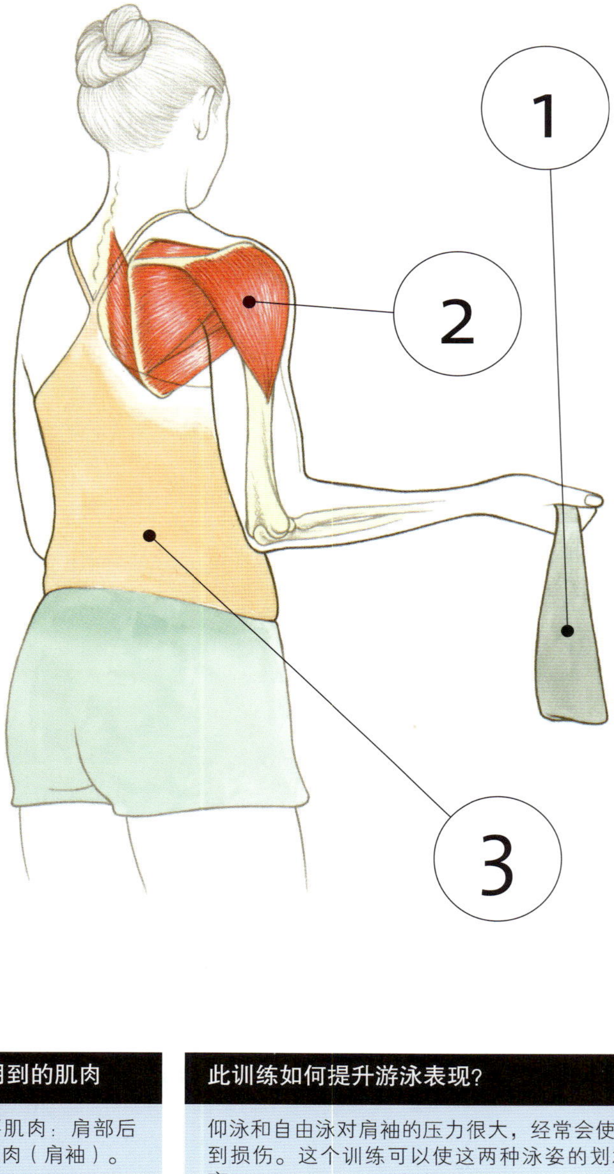

1 使用弹力带。开始时，将弹力带的一头固定在牢固的物体上，另一头握在手中。屈肘成直角，保持上臂贴紧身体，向外拉动弹力带。

2 屈肘成直角时，向外拉动弹力带，才能使肩背部的肌肉收紧。

3 这是很好的训练肩关节韧带的练习，保持正确的姿势，不要使用任何背部肌肉。

使用到的肌肉

主要肌肉：肩部后侧肌肉（肩袖）。

此训练如何提升游泳表现？

仰泳和自由泳对肩袖的压力很大，经常会使其拉紧或者受到损伤。这个训练可以使这两种泳姿的划水技术得到提高。

肩部——哑铃侧平举

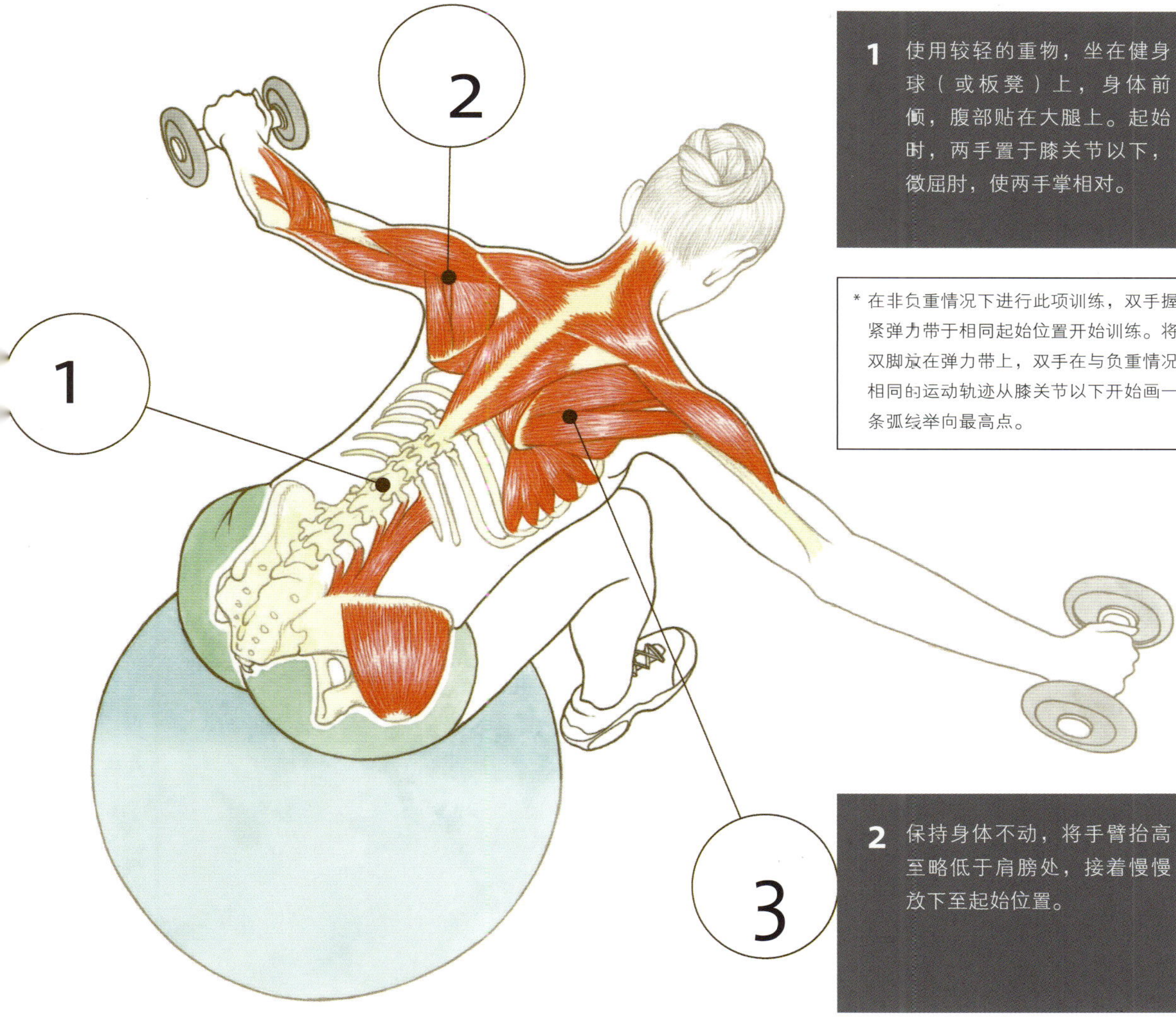

1 使用较轻的重物，坐在健身球（或板凳）上，身体前倾，腹部贴在大腿上。起始时，两手置于膝关节以下，微屈肘，使两手掌相对。

* 在非负重情况下进行此项训练，双手握紧弹力带于相同起始位置开始训练。将双脚放在弹力带上，双手在与负重情况相同的运动轨迹从膝关节以下开始画一条弧线举向最高点。

2 保持身体不动，将手臂抬高至略低于肩膀处，接着慢慢放下至起始位置。

3 虽然是弯腰动作，但是也要收腹并保持呼吸，避免耸肩。

使用到的肌肉

主要肌肉：背部肌肉（后侧）、肩部肌肉（三角肌）。

此训练如何提升游泳表现？

划水是游泳中的重要动作。此项训练有助于缓解肩膀的疲劳，避免低效率划水动作的出现。

肩部——俯身划船

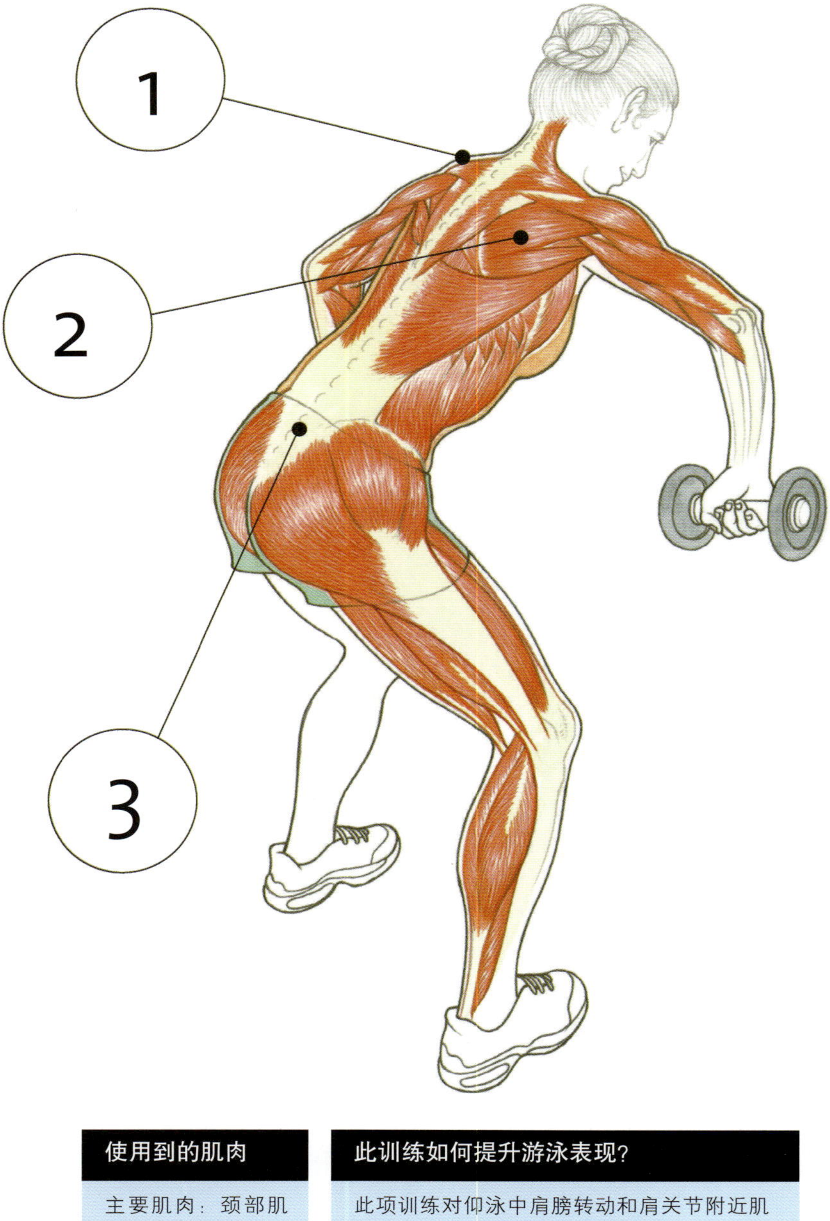

1 起始时，手持重物放在膝关节以下。保持俯身姿势，划船过程中，夹紧背部，重物向肚脐方向移动，然后伸直手臂回到起始位置。

2 抬起重物时，感受肩胛骨的缩紧，这会将负荷集中到背部。

3 保持这个姿势时腰背部容易紧张，背部容易弯曲。可以通过收腹、保持骨盆位置，从而保持背部的挺直。

使用到的肌肉

主要肌肉：颈部肌肉、肩部肌肉，以及背部肌肉（斜方肌）。

次要肌肉：肱二头肌。

此训练如何提升游泳表现?

此项训练对仰泳中肩膀转动和肩关节附近肌肉的加强很有帮助，对所有泳姿的划水动作都很有益处。同时，还可以避免肩关节损伤。

* 在非负重情况下进行此项训练，双手握紧弹力带于相同起始位置开始训练。将双脚放在弹力带上，双手在与负重情况相同的运动轨迹上从膝关节以下开始画一条弧线举向最高点。

背部——硬拉

1 起始时，脚后跟位于髋部下方，腿微曲，背挺直。屈膝俯身，双手握杠铃双臂稍宽于大腿，手掌朝向身体。腰背部绷紧，伸膝，向上提杠铃；然后，背部发力，通过身体前倾将杠铃下放到膝关节的位置，简短停留后再回到起始位置。

2 在动作过程中，保持身体挺直，不要通过膝关节的屈伸完成动作，时刻保持沉肩。

3 重心要集中在脚后跟，膝关节放松但不要过度弯曲，以免成为深蹲训练。

使用到的肌肉

主要肌肉：腰背部肌肉、腘绳肌、臀肌。

此训练如何提升游泳表现？

此项训练是维持腰背部和背部肌肉力量的一项很重要的训练，有助于仰泳时髋部的上提。

背部——俯身背伸展

1 趴在健身球上，双脚分开与肩同宽，两手置于胸前（或者头后侧）。缓慢抬起上半身，然后回到起始位置。

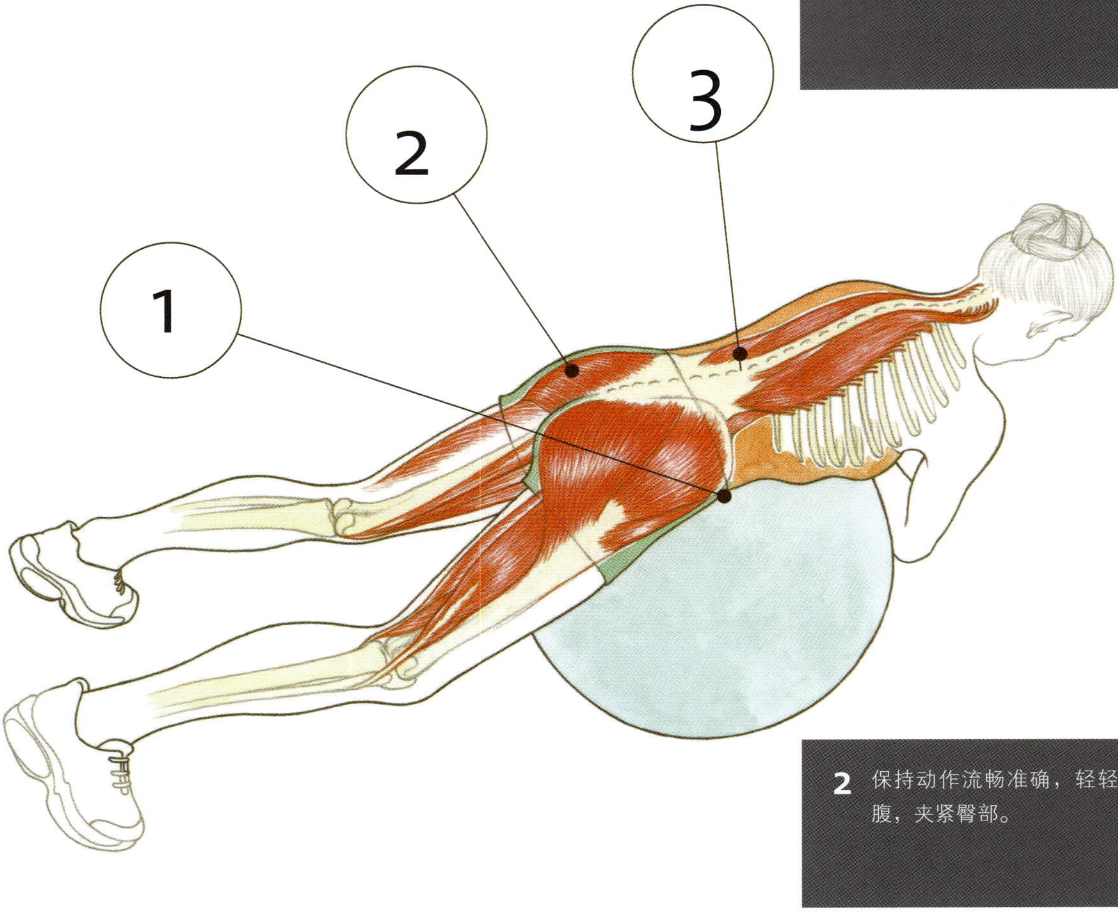

2 保持动作流畅准确，轻轻收腹，夹紧臀部。

3 结合健身球向前滚动可以增加训练的强度。但要注意，这样也会加大对腰背部肌肉的压力。

使用到的肌肉

主要肌肉：腰背部肌肉。

此训练如何提升游泳表现？

没有什么疼痛是比背痛更难受的了，此项训练有助于维持脊柱姿态，为更加强有力的打腿动作提供支持。

背部——高位下拉

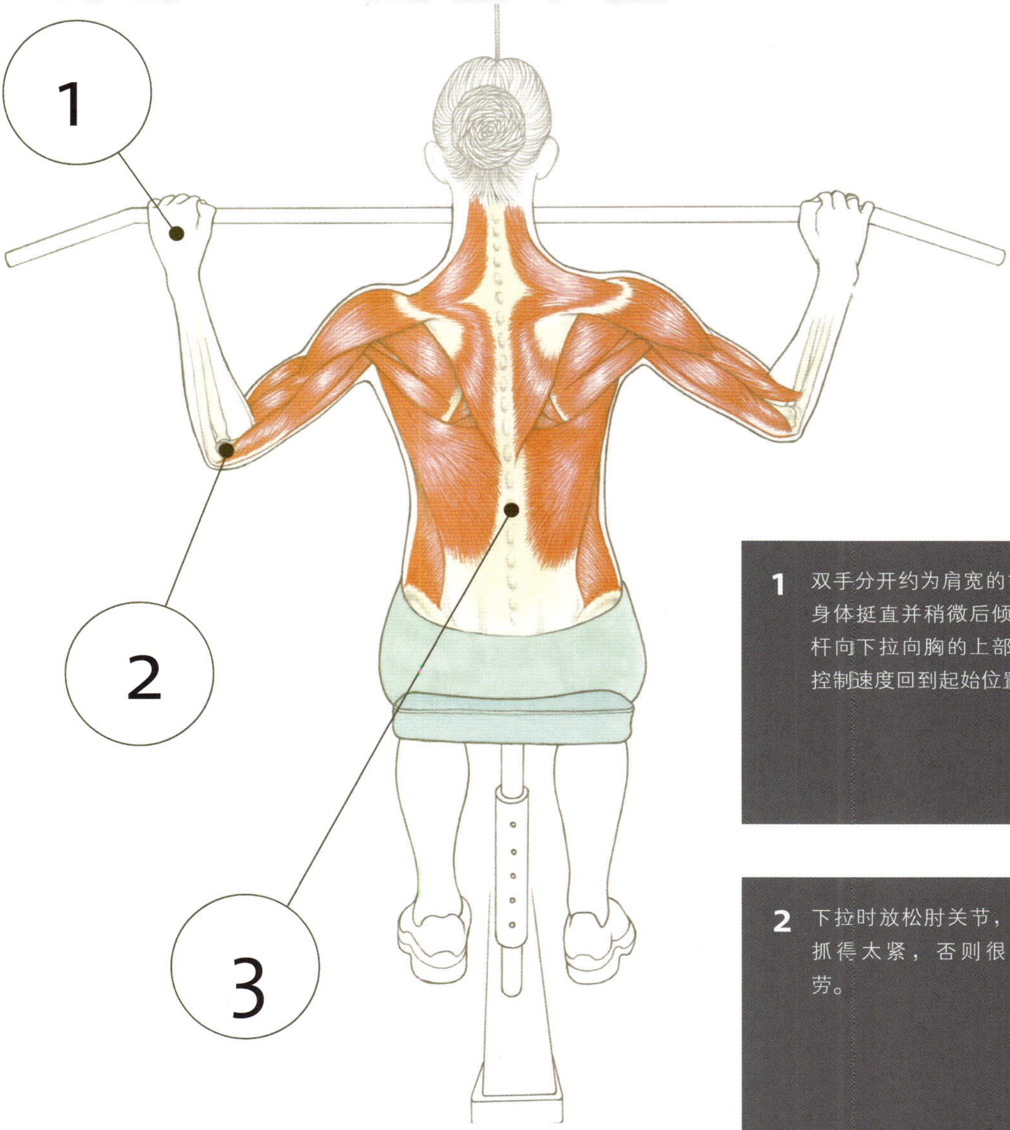

1 双手分开约为肩宽的1.5倍，身体挺直并稍微后倾，将横杆向下拉向胸的上部，然后控制速度回到起始位置。

2 下拉时放松肘关节，手不要抓得太紧，否则很容易疲劳。

3 觉得疲惫时，避免让背部摇晃，臀部不要离开座位。同时，避免快速下拉。

使用到的肌肉

主要肌肉：背部侧面肌肉。

次要肌肉：肱二头肌。

此训练如何提升游泳表现？

此项训练是为了训练蝶泳与自由泳划水动作中用到的一组主要肌群。划水时能推动多少力，水就会有多少反作用力使身体前进。

胸部——俯卧撑

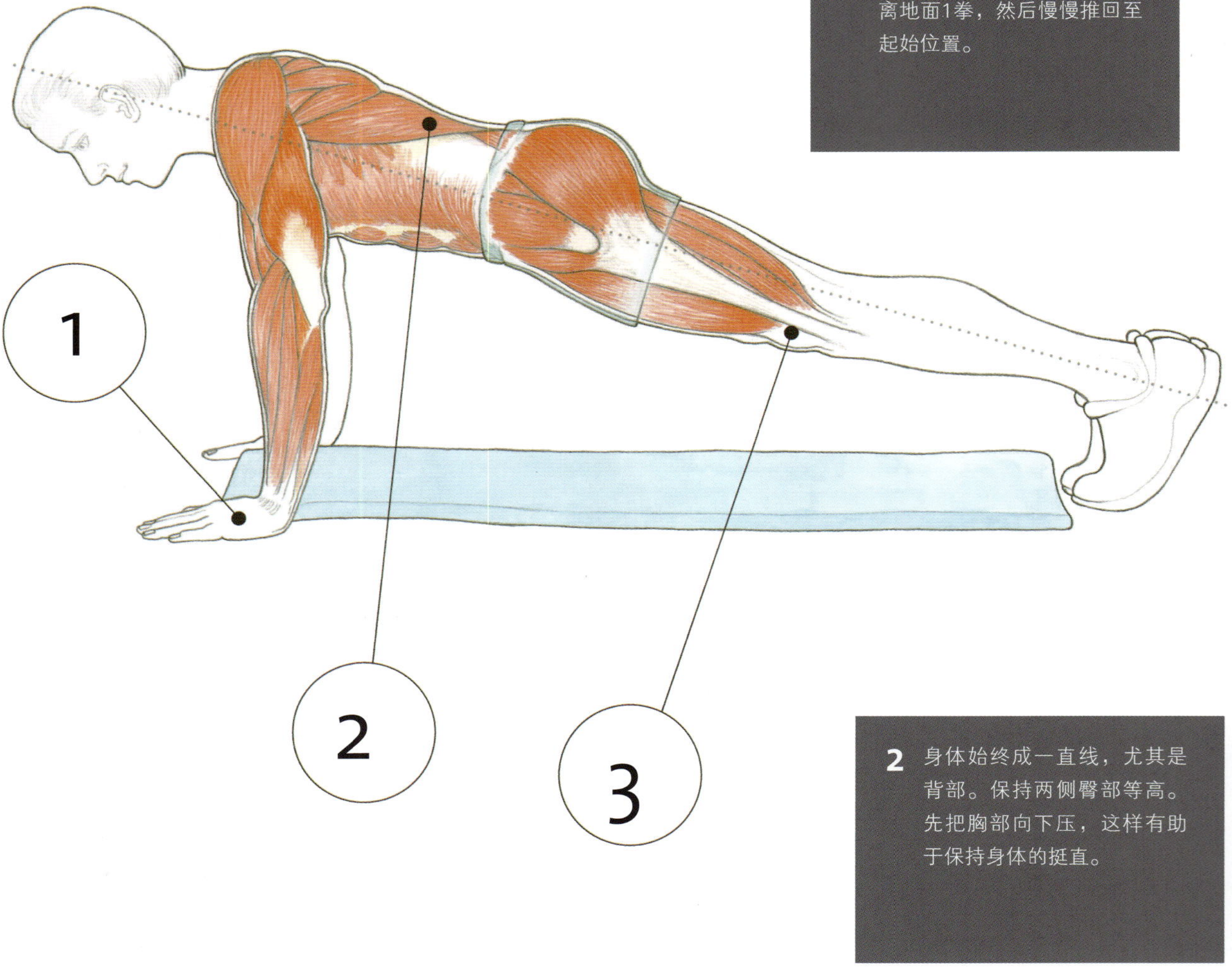

1 双手分开比肩略宽，撑地，胸部下降贴近地面，直至距离地面1拳，然后慢慢推回至起始位置。

2 身体始终成一直线，尤其是背部。保持两侧臀部等高。先把胸部向下压，这样有助于保持身体的挺直。

3 可以采用膝关节着地，即跪式俯卧撑降低动作难度，不能维持身体成直线时也可以采用这种方式。

使用到的肌肉

主要肌肉：胸大肌。

次要肌肉：肱三头肌。

此训练如何提升游泳表现?

游泳者不能让身体下段过重，俯卧撑有助于保持身体上下两段发力与重量的平衡。

手臂——肱二头肌弯举

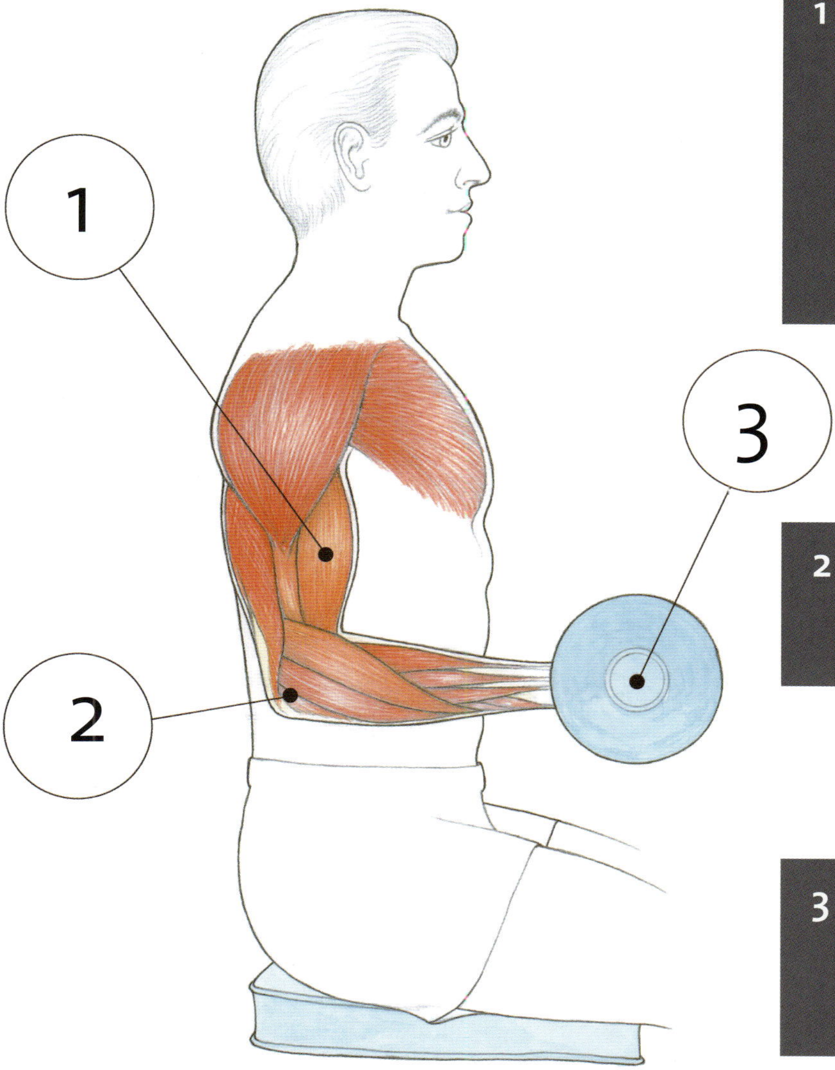

1 手持重物，手掌向上，保持双手自然握住握柄，弯曲肘关节将重物举至胸前，短暂停顿后回到水平的起始位置。

2 保持肘关节紧贴身体，不要向后移动。

3 双手用力，关节放松。如果握得太紧，前臂过度用力会影响肱二头肌的发力。

使用到的肌肉

主要肌肉：肱二头肌。

此训练如何提升游泳表现？

此项训练不能让你成为下一个查尔斯·阿特拉斯（Charles Atlas），所以不要追求肌肉的大小。此项训练有助于提高上肢在四种泳姿中的划水力量。

* 在非负重情况下进行此项训练，双手握紧弹力带于相同起始位置开始训练。将双脚放在弹力带上，双手在与负重情况相同的运动轨迹上从肘关节水平位开始画一条弧线举向最高点。

手臂——肱三头肌撑体

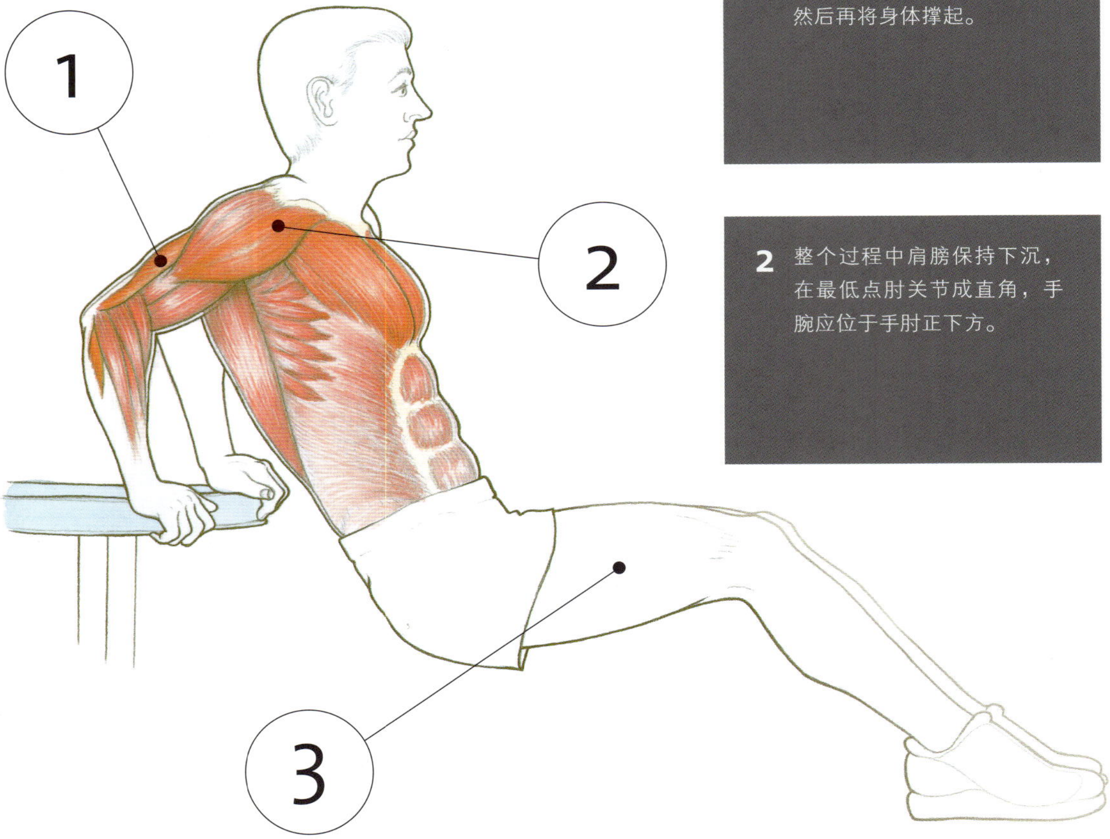

1 开始时，双手放在椅子或者台阶上，双手间距略宽于两大腿间距。保持背部靠近椅子，通过屈肘使身体下降，然后再将身体撑起。

2 整个过程中肩膀保持下沉，在最低点肘关节成直角，手腕应位于手肘正下方。

3 伸直双腿，勾脚尖可以加强训练强度。在训练中要尽可能地使背部靠近椅子。

使用到的肌肉

主要肌肉：肱三头肌。

此训练如何提升游泳表现?

肱三头肌在蛙泳的划水动作中扮演着重要的角色，这部分肌肉可以使划水更高效。此项训练也对维持胸肌的强度有一定效果。

核心——平板支撑

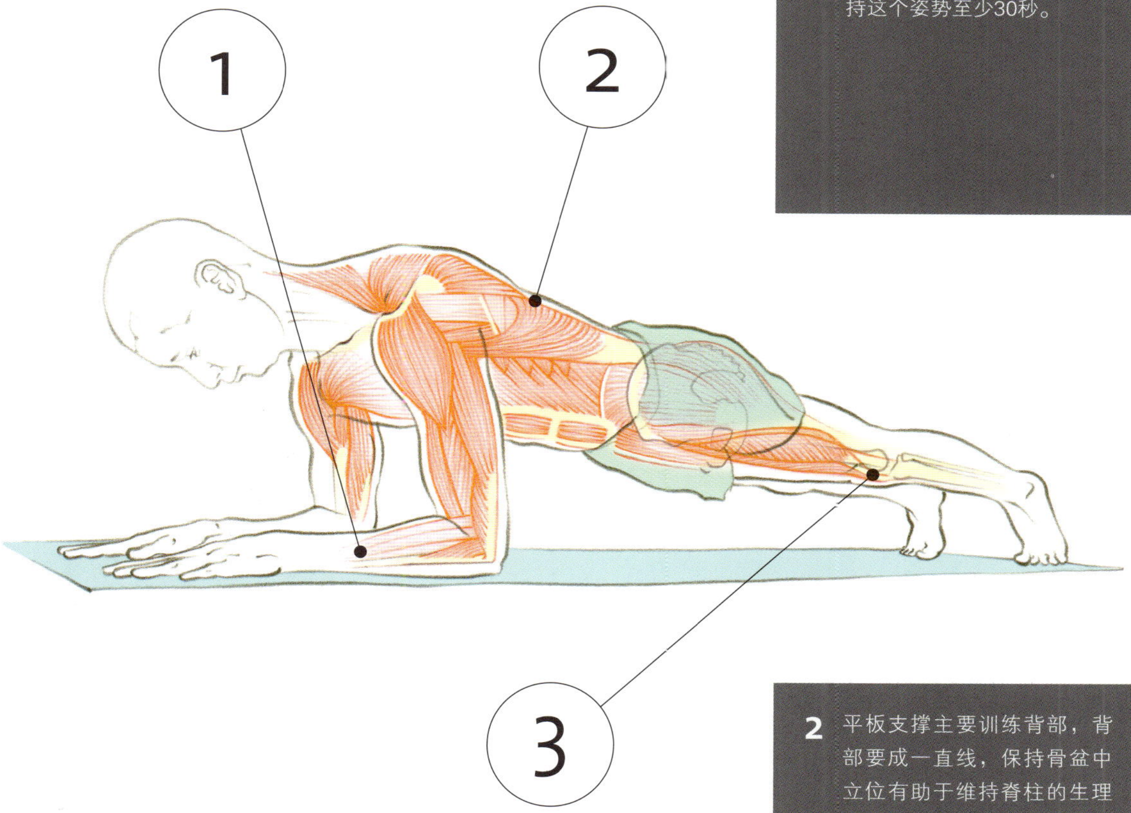

1 前臂平放于地板，手肘处于肩膀正下方的直线上。头顶、髋和足跟成一直线。保持这个姿势至少30秒。

2 平板支撑主要训练背部，背部要成一直线，保持骨盆中立位有助于维持脊柱的生理曲度，重心向足跟方向移动可以拉长脊柱。

3 如果不能保持身体成平面，可以屈膝使膝关节着地，这是降低难度的改良方法。

使用到的肌肉

主要肌肉：深层、浅层腹肌和腰背部肌肉。

此训练如何提升游泳表现？

许多游泳者把这个训练作为热身常规。这并不是针对某一组肌群的练习，而是针对比赛中会用到的所有肌群的一个锻炼。

核心——侧方平板撑

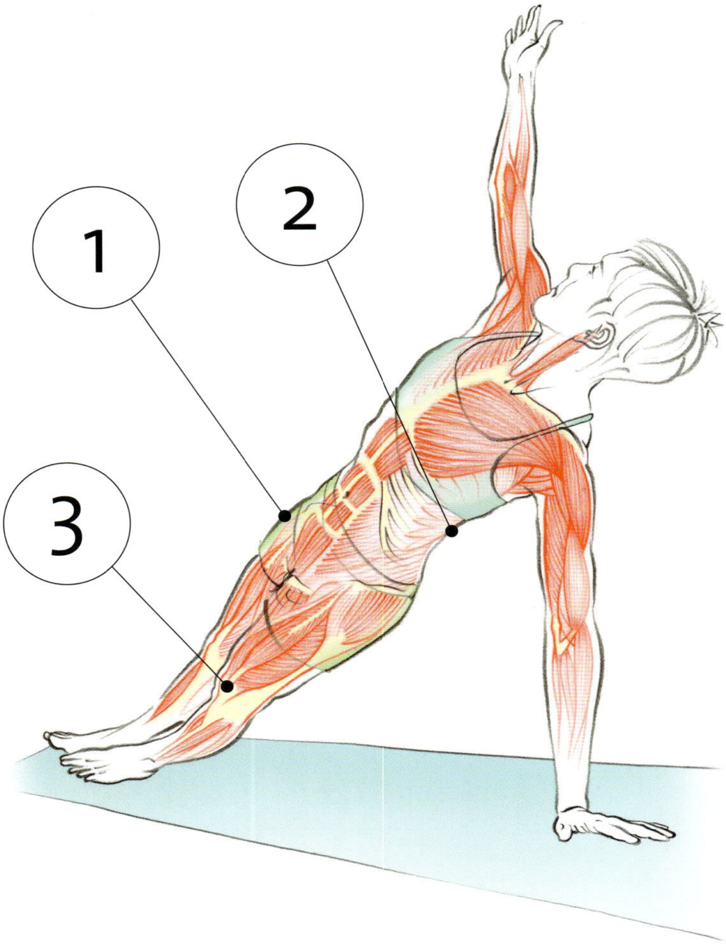

1 一手撑在地板上，手肘处于肩膀下并与肩膀成一条直线，身体转向侧面，然后将臀部向上抬起，成图示中的姿势，保持至少30秒。

2 与平板支撑一样，这个动作要保持躯干成一直线，背部维持正常的生理曲度，伸直双腿也有助于背部挺直。

3 低强度的改良动作是屈膝成直角，膝关节着地，然后以手和膝关节作为支点，撑起身体。在肩膀力量较弱的情况下，可以采用这种改良方法。

使用到的肌肉

主要肌肉：侧方、深层、浅层腹肌和腰背部肌肉。

此训练如何提升游泳表现?

此项针对训练手臂力量及核心肌群，对于预防背部损伤很有帮助。身体左右两侧都要训练，确保平衡。

核心——卷腹

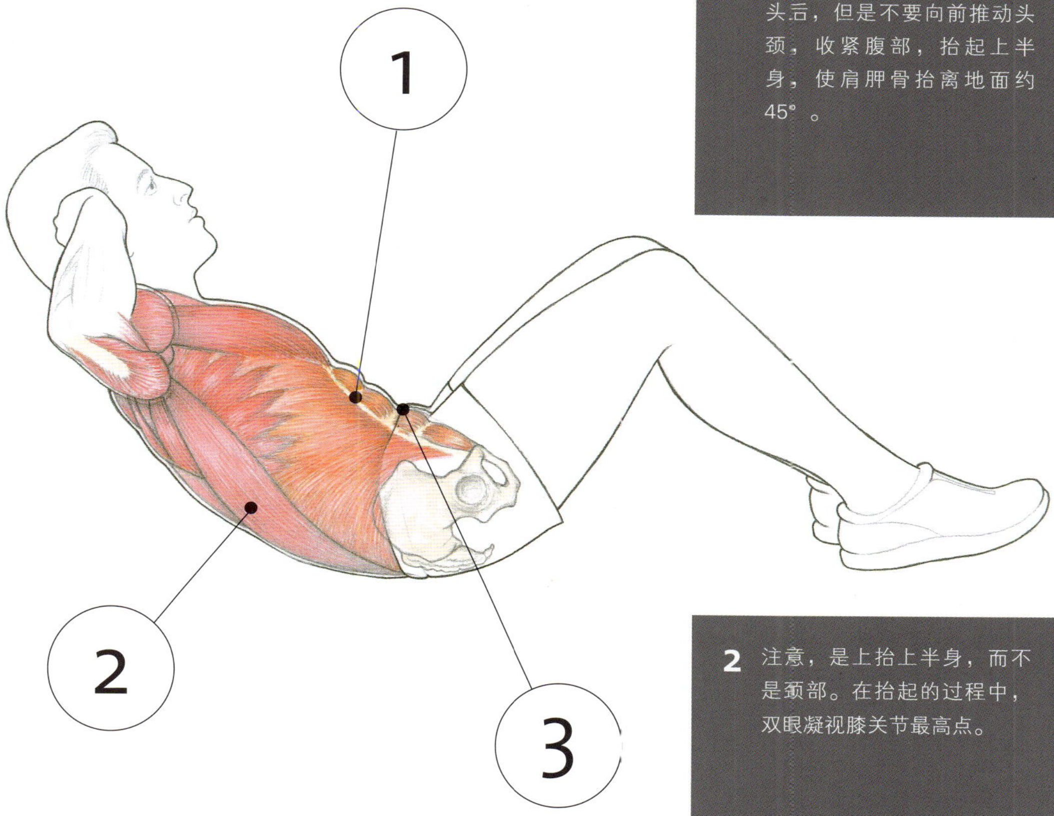

1 平卧，膝关节屈曲，两脚平放在地面上。两手置于头后，但是不要向前推动头颈，收紧腹部，抬起上半身，使肩胛骨抬离地面约45°。

2 注意，是上抬上半身，而不是颈部。在抬起的过程中，双眼凝视膝关节最高点。

3 慢慢地朝向脊柱收腹可以达到更好的训练效果。背部躺在健身球上训练可以增强训练强度并增强平衡性。

使用到的肌肉

主要肌肉：浅层腹肌。

此训练如何提升游泳表现?

几乎所有的运动员都会用卷腹来增加他们的腹部肌肉。此项训练有助于你在水中保持流线型姿势，且更加高效。

核心——肩桥

1 背部躺平，双腿屈膝踩地，面朝天花板，慢慢将髋部抬高，然后回到起始位位置

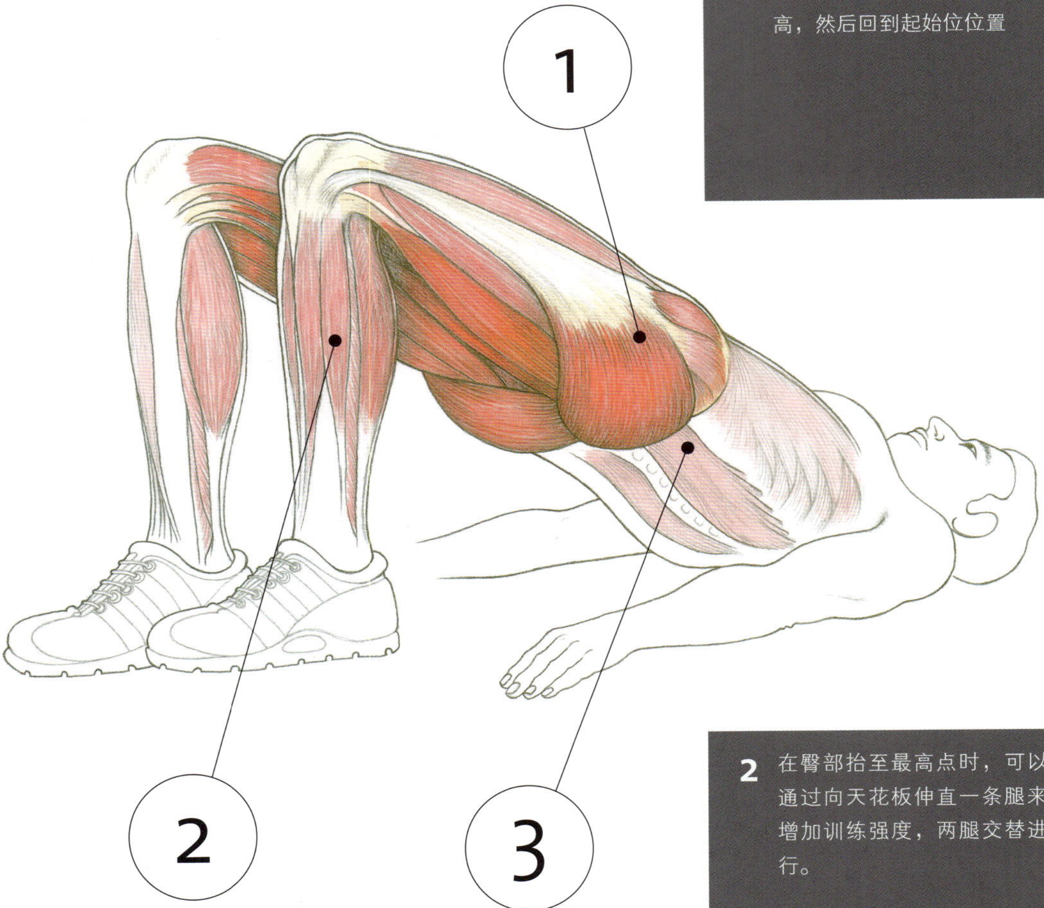

2 在臀部抬至最高点时，可以通过向天花板伸直一条腿来增加训练强度，两腿交替进行。

3 在臀部抬起至最高点时，肩部、臀部和膝关节应该在一条直线上。在上抬和下降的过程中，想象整个脊柱像自行车链条一样运动。

使用到的肌肉

主要肌肉：臀肌、腘绳肌、腰背部肌肉、腹肌。

此训练如何提升游泳表现?

此项训练针对四种泳姿打腿动作用到的主要肌群。尽管这个训练不针对背部进行锻炼，但实际上也加强了背部的力量。

核心——“V”形抬腿

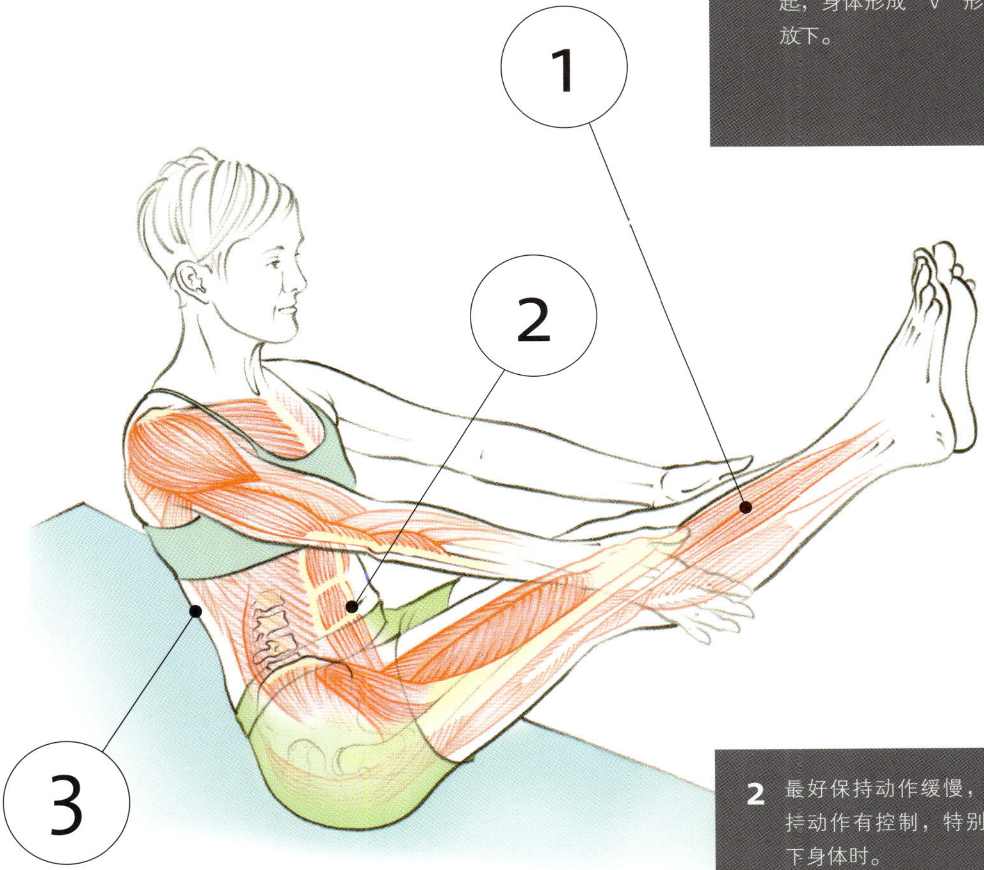

1 开始时，双手放在身体两侧，同时将双腿与上半身抬起，身体形成“V”形，然后放下。

2 最好保持动作缓慢，并且保持动作有控制，特别是在放下身体时。

3 这是个较难的训练，如果动作不当会导致背部损伤。抬起时，屈膝可降低动作难度。

使用到的肌肉

主要肌肉：股部肌肉、上腹部肌肉，以及髋屈肌。

此训练如何提升游泳表现?

此项训练主要是针对腹肌，可以带来类似卷腹一样的效果，并且能够锻炼核心肌群。此项训练有助于加强腿部力量及腰背部肌群的稳定，这在蝶泳中非常关键。

核心——背飞

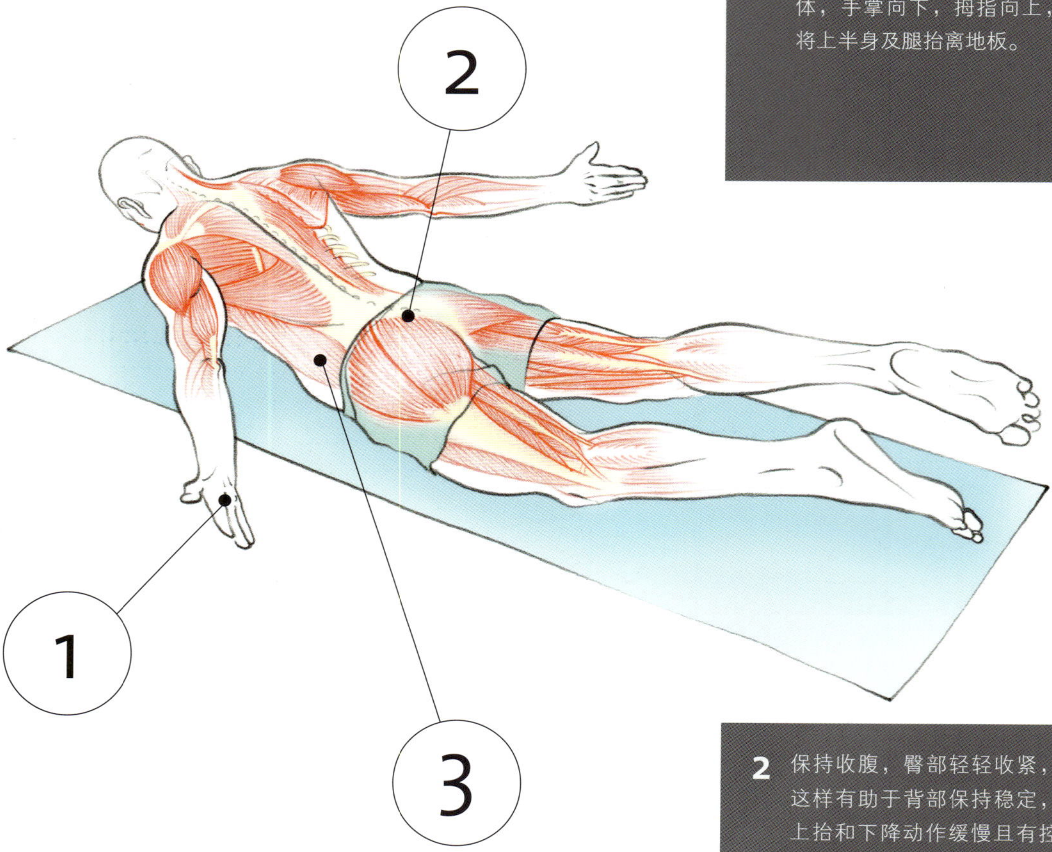

1 趴在垫子上，双手略离开身体，手掌向下，拇指向上，将上半身及腿抬离地板。

2 保持收腹，臀部轻轻收紧，这样有助于背部保持稳定，上抬和下降动作缓慢且有控制。

3 如果想减轻背部的负担，可以双手放在肩下支撑，并用双手推地板。根据你的需要使用双手力量。

使用到的肌肉

主要肌肉：腰背部肌肉。

此训练如何提升游泳表现?

模仿蝶泳中向上划水的动作，并锻炼划水动作中主要发力的背部、肩部及腿部肌肉。这个动作也经常在热身中使用。

训练计划——初级

每个动作2组，每组8~12次［（卷腹、背飞）×15次］，组间休息1分钟。
平板支撑：坚持30秒（如果身体不能保持平直则减少时间）。

找到合适的负重重量。负重下能坚持完成所有的重复动作，并在动作结束时有力竭的感觉就是合适的重量。建议针对大肌肉群（深蹲中的臀肌与股四头肌）采用相对较重负重的训练，而对于小肌肉群（肱二头肌弯举中的肱二头肌）采用相对较轻负重的训练。

使用器械

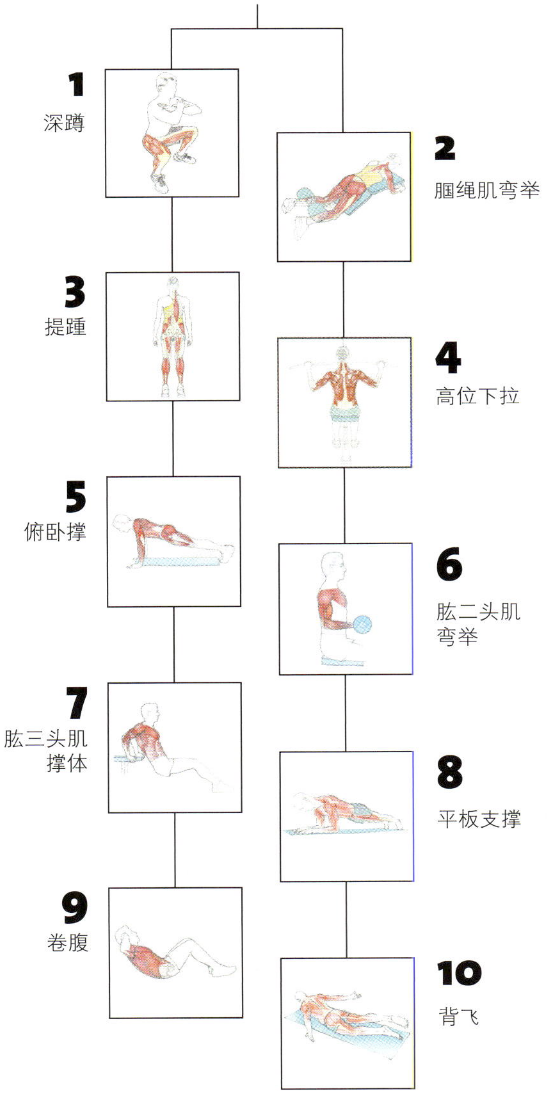

不使用器械

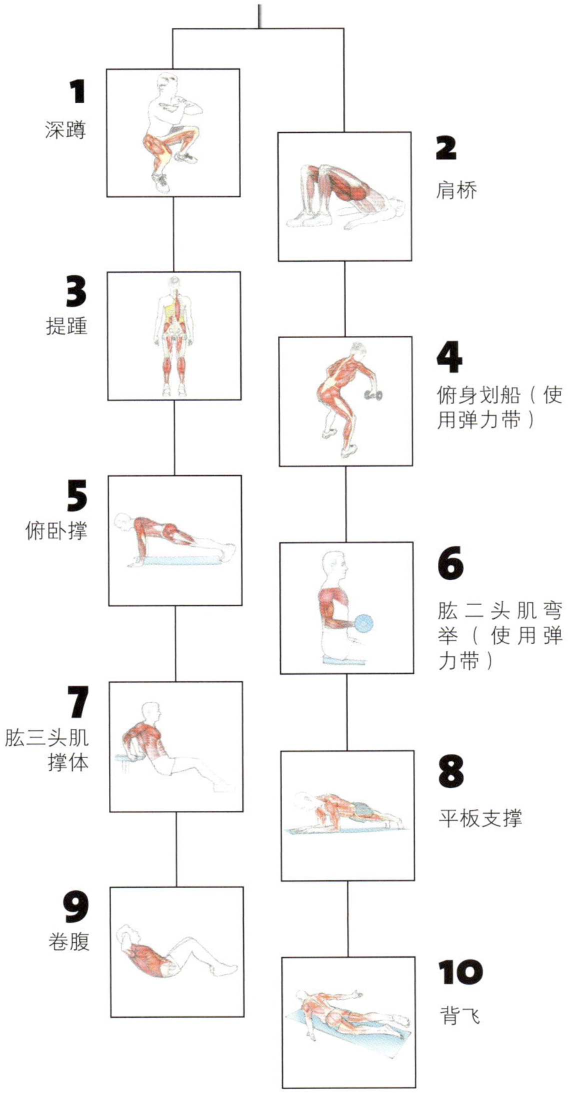

训练计划——中级

每个动作2组，每组10~15次。

找到合适的负重重量。负重下能坚持完成所有的重复动作，并在动作结束时有力竭的感觉就是合适的重量。建议针对大肌肉群（深蹲中的臀肌与股四头肌）采用相对较重负重的训练，而对于小肌肉群（哑铃侧平举中的肩部肌肉）采用相对较轻负重的训练。

使用器械

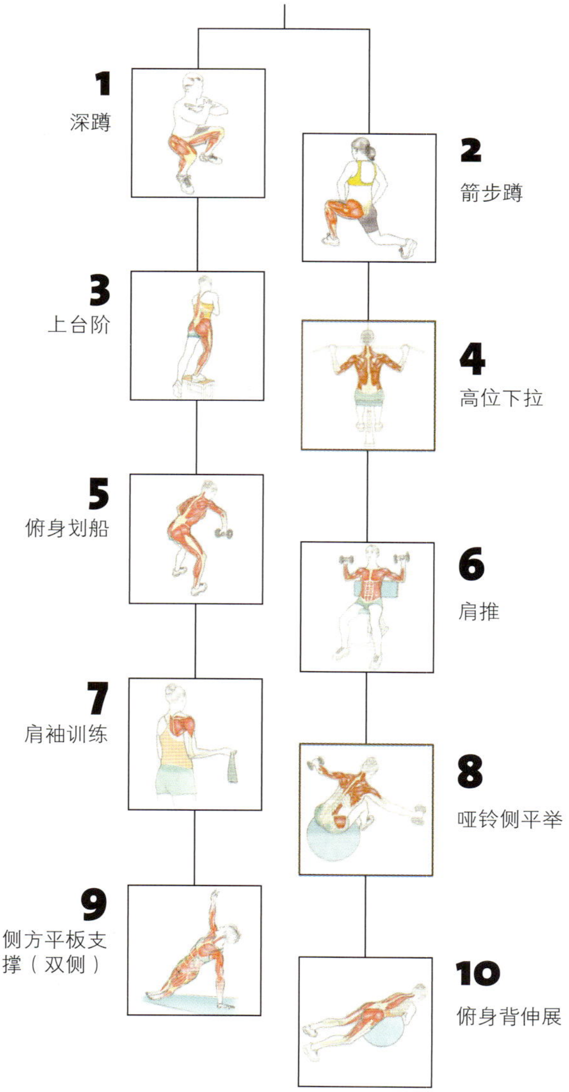

不使用器械

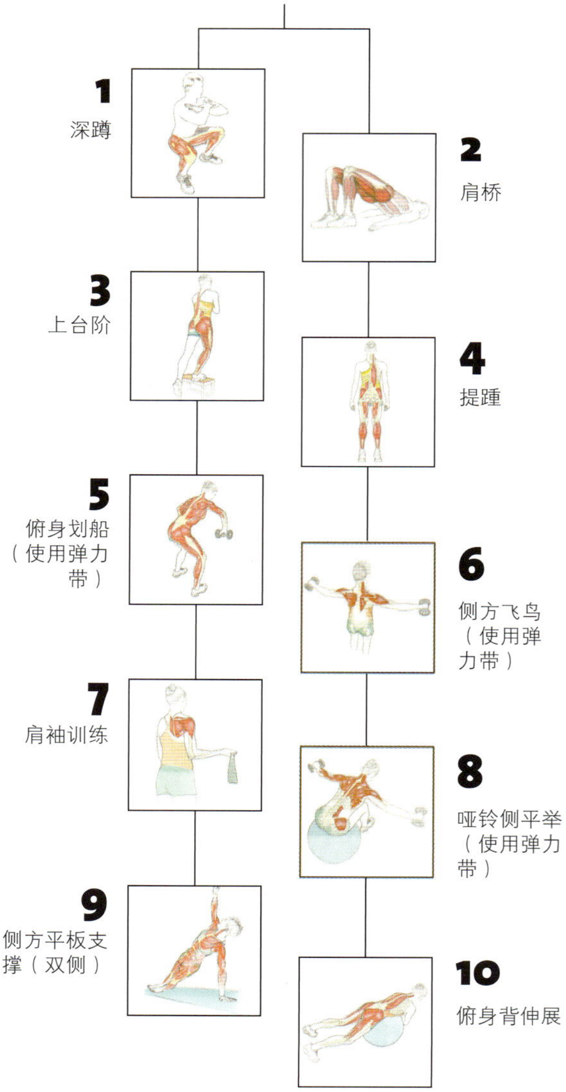

训练计划——高级

每个动作3组，每一组12~15次（“V”形抬腿30次）。

找到合适的负重重量。负重下能坚持完成所有的重复动作，并在动作结束时有力竭的感觉就是合适的重量。建议针对大肌肉群（深蹲中的臀肌与股四头肌）采用相对较重负重的训练，而对于小肌肉群（哑铃侧平举中的肩部肌肉）采用相对较轻负重的训练。

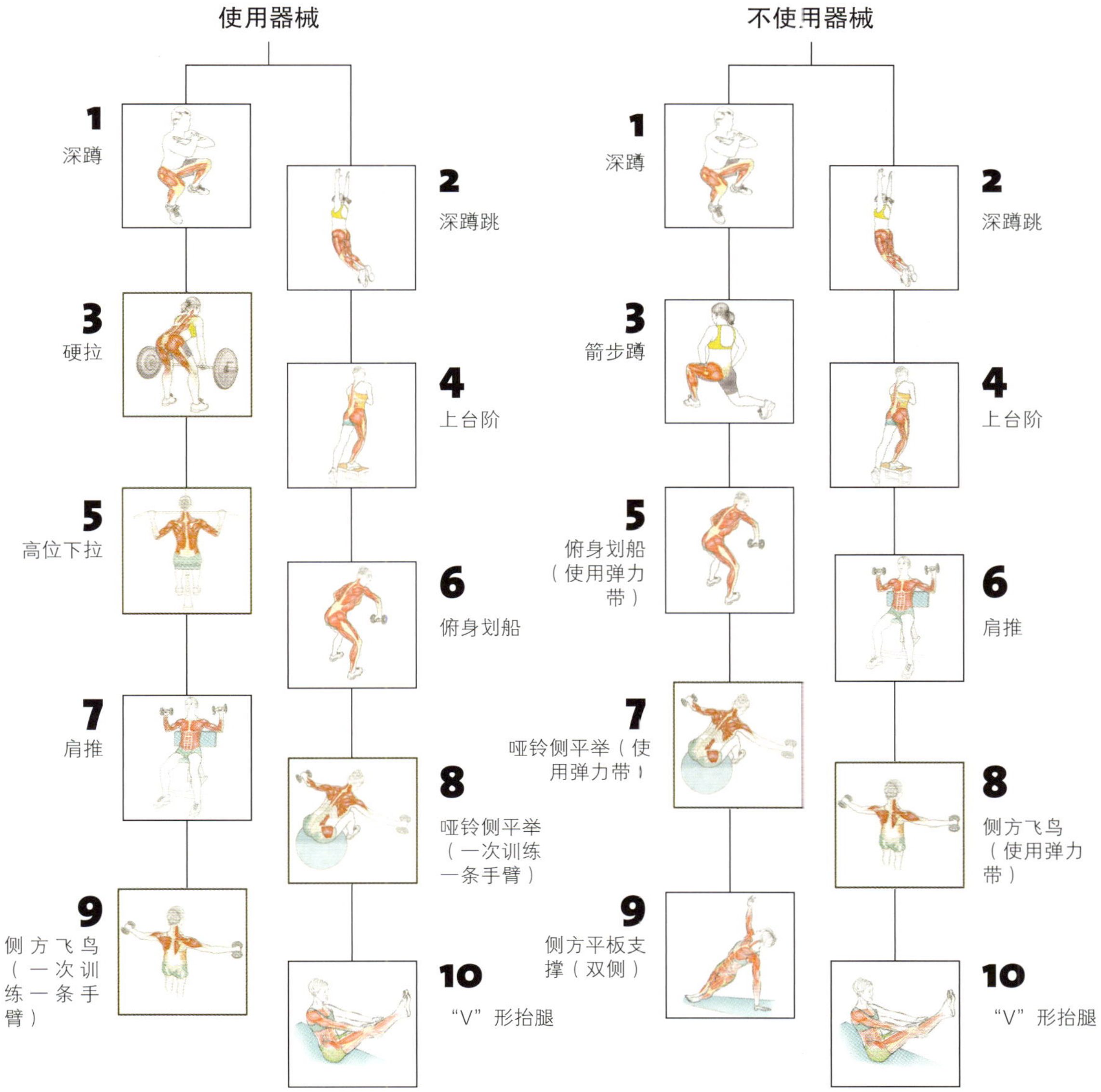

饮食营养

// 更健康 // 更均衡 // 更有活力

基础知识

在任何运动中，食物和营养都是正确训练的基本要素。把身体想象成一辆车——它可以拥有最强大的引擎，拥有最符合空气动力学设计的外形，但它永远不会在没有燃料的情况下运行。而食物就是人体的天然燃料。

食物可以分为4种基本类型：碳水化合物、蛋白质、脂肪和液体。每一种都非常重要，它们赋予身体能量、耐力、抵抗力和自我恢复的能力。每一种元素都是必不可少的，只要合理摄入，并与其他元素保持平衡，对我们的健康和身体都绝无害处。

碳水化合物是肌肉的燃料，为肌肉提供能量。

蛋白质在负荷运动中有塑造、修复肌肉的作用。

脂肪为身体提供能量存储，有助于细胞的正常运转和维持体温。

液体可以维持体液浓度和排出毒素。

将上述这些元素组合，并根据运动需要及身体反应进行调整，就会为训练和比赛提供所需的营养。

根据运动类型和运动量，一个运动员或经常运动的人（每周训练三次，每次训练超过60分钟）的基本饮食是每天摄入3 000~4 500千卡的热量。这个热量可能比你在运动俱乐部听到的，或慢跑时聊天听到的要多得多。但请记住，这种饮食并不是为了减肥，而是为了让身体保持最佳运动状态。

如果你在正确的时间吃正确的食物，规划每周的饮食和训练，体重将永远不会是一个问题。你会明白合理饮食（即正确地摄入营养，而不是急于减重）将极大地改善你的生活质量和运动表现。

运动中的营养和锻炼同等重要，再说一次，身体就像一辆汽车，需要加最正确的燃料来提供最强大的动力。
在计划饮食之前，你需要了解以下4个关键步骤：

1. 不要太饿，饥饿容易让人选择错误的食物，吞下你能找到的任何东西。每天至少有5餐，并计算每餐的摄入量。
2. 每餐至少吃3种不同的食物，因为饮食单一会让你的身体无法很好地去消化那些你平时不常吃的食物。选择不同种类的蔬菜、鱼和肉，为身体提供不同的维生素和矿物质。
3. 平衡每餐的食物成分构成。在保证碳水化合物的基础上增加蛋白质和脂肪的摄入（人与人之间所需数量是不同的；理想的基础构成是50%的碳水化合物、30%的蛋白质和20%的脂肪）。
4. 尽量选择纯天然食物。香蕉比能量棒好，橘子比橙汁饮料好。

评估饮食

人们往往会被自己的体形所困扰。这是一种正常的感觉，因为媒体每天都在给我们传递这样的信息。在评估理想饮食时，尝试忘掉体形，现实地思考一下想通过运动达到什么样的目标。这样，就会更加专注于饮食规划，并将正确的饮食方法应用到日常生活中。

第一个问题：你吃早饭吗?

请记住，每天早上吃早饭。如果早起训练，试着比平时提早半小时醒来，以确保有时间吃早饭。如果早起是不可能的，那就在前一天晚上多吃点碳水化合物，第二天早上再吃点零食来补充能量。训练前1小时吃点东西很重要，因为这可以保持体内血糖含量，而肌肉则能利用夜间储存的能量。

避免高蛋白早餐。记住，每顿饭都应该以碳水化合物为基础。理想的早餐食品搭配有下列几种。

- 麦片粥配干酪或乳清奶酪，加一点坚果。
- 在一碗谷类食品中加一杯牛奶或酸奶，再加一根香蕉和一些葡萄干。记住，全麦麸谷物对肠道有压力，是不适合训练和比赛的。同时，也要避免食用含糖谷物。
- 一份由两片全麦面包和60克烟熏鲑鱼组成的三明治（可以加一些淡奶油干酪），以及一个橙子或一杯橙汁。
- 什锦酸奶和一份水果。

如果你觉得需要增加咖啡因，请随意饮用，因为它不会干扰训练（尽管它会使一些人产生胃酸）。每个人都是不一样的，这就意味着要通过每天校准和测试来找到适合自己的摄入量。

第二个问题：你在训练后吃零食吗?

记住，训练后的吃吃喝喝是补充肌肉能量的唯一方法。根据训练间隔及训练强度，你可以选择吃哪种零食，这是肌肉吸收和储存更多糖原的时刻。

有两个选择：要么选择低血糖指数（GI）的零食，要么选择高GI的零食。GI是glycemic index，的首字母缩写，是衡量碳水化合物对血糖含量影响的一个指标。碳水化合物可以缓慢地释放到血液中（低GI），也可以快速地释放到血液中（高GI）。虽然对于糖尿病人来说对GI水平的控制很重要，但这并不是大多数运动员真正担心的事情。你必须明了选择哪种饮食来恢复血糖。

如果一天内训练两次，或者在第二天早上训练，那么会需要高GI恢复，选择像玉米片、白面包、西瓜或烤土豆这样的食物。另一方面，有研究表明，由于糖的释放速度较慢，从长远效果来看，低或中等GI食物，如水果、蔬菜、全麦面包、意大利面、牛奶和酸奶等，在长跑中更有效。

记住，在训练后吞下大量的蛋白质奶昔几乎是无用的。

肌肉主要依靠碳水化合物补充能量，只需要一些蛋白质来修复紧张的肌肉并帮助新的肌肉生长。

第三个问题：你白天会觉得饿吗?

如果确实有饥饿感，就需要调整计划避免这种现象。根据经验，事先规划好正餐和零食，确保每天所需的食物，以此安排几天内的饮食。

理想情况是，在离开家前吃一顿丰盛的早餐，4小时内吃一些零食（大多数人在10点到11点之间吃）；然后吃午餐（最好在前一天晚上准备好，避免饿的时候饥不择食），3~4小时后，再吃一份零食；然后是丰盛的晚餐（尽量避免意大利面、米饭和面包，除非是比赛当天或者比赛前一天晚上），最后是晚上的零食。

第四个问题：你在训练中感到疲劳吗？

在训练中有疲劳感可能有不同的原因。

- 糖原存储较少。糖原已经被燃烧尽了，只能用蛋白质和脂肪作为燃料，使大量的酮体涌入大脑。这时，应该在训练前、训练后摄入大量的碳水化合物，使肌肉尽可能多地储存糖原。
- 脱水。脱水意味着身体不能正常降温，这会危及细胞的健康，使二氧化碳和乳酸的排出变得更加困难。

碳水化合物

你一定听说过这样一个误区，碳水化合物会使人发胖。其实，这是不对的，脂肪使人发胖。碳水化合物是运动必需的基本燃料，只有摄入足够的碳水化合物肌肉才有足够的能量。在运动饮食中，碳水化合物是营养需求中的绝对必需品。

碳水化合物可分为两类：简单的和复杂的。简单的碳水化合物是单糖（单糖分子：果糖、葡萄糖和半乳糖）和双糖（双糖分子：蔗糖、乳糖、麦芽糖）。水果和蔬菜中含有许多不同种类的碳水化合物，这也是饮食中应该包括各种各样的蔬菜和水果的原因之一。

在消化过程中，胃会将糖和碳水化合物转化为葡萄糖，然后再转化成一种叫作糖原的聚合物（由5个或更多的糖分子组成的链）。糖原储备是能量水平的关键。糖原储存在肌肉和肝脏中，为训练和比赛提供适量的能量。

肌肉中储存的糖原可以作为能量使身体活动及肌肉训练，同时肝脏中储存的糖原可以缓慢释放糖进入血液，保证大脑中糖量的恒定。这很重要，因为大脑中的糖分会极大地影响你的表现。

你有没有听说过臭名昭著的“撞墙期”？“撞墙期”是许多职业运动员在职业生涯中都会碰到的。在这个时间节点，你会确信你将无法完成目标。“撞墙期”不是一个形而上学的概念，简单地讲，在这个时刻大脑里没有足够的糖。肌肉和肝脏中储存大量的糖原，可以有效地帮助你避开“撞墙期”。

那么，不同糖之间的主要区别是什么呢？精制糖、软饮料和能量饮料只会提供能量，而蔬菜和水果将提供不同数量的葡萄糖、维生素和矿物质，这些都有助于激发身体以正确的方式运转。

经常吃自然状态的食物，像全麦面包、糙米、糙面等。这些未经精细加工的食物比精细加工过的食物更有营养价值。同样的概念也适用于烹饪过的碳水化合物——最好少加工蔬菜，这样就能更好地保留其中的维生素和矿物质，以及糖和淀粉。这就引出了一个非常重要的问题，肌肉不仅需要通过运动来训练，还需要尽可能多地储存糖原。但怎么才能做到呢？通过正确的方式、方法摄入正确量的碳水化合物。

在训练过程中，不停地操练肌肉会使它们生长并变得更强壮。与此同时，向它们提供适量的碳水化合物，会使它们储存更多的糖原。

100克未经训练的肌肉，只能储存13克糖原，但同样质量的训练过的肌肉可以储存大约32克糖原，而受过专业碳水化合物训练的肌肉可以储存35~40克糖原。不用说，后者的肌肉运动表现更好、更长久。

常见碳水化合物种类

1 未经加工提炼的食物比精制的食物有更好的营养价值。例如糙米、全麦面包、糙面、爆米花（无黄油）、燕麦粥、生水果和蔬菜等。

2 确保每天吃的任何一餐都是以碳水化合物为基础的。试着用之前提到的比例来进行食物的搭配。

3 尽可能增加食物种类。最好的方法是用颜色来规划你的饮食（绿叶菜、花椰菜，西红柿、辣椒、胡萝卜、橘子、苹果、蓝莓等）。

4 确保训练前后都有足够的碳水化合物维持体内的血糖水平。一旦糖原耗尽，身体就开始燃烧脂肪补充能量。虽然这样可以减小胃口，但要记住，这样的过程对你的表现是有害的，因为这样会使大量酮体被输送进大脑，加重疲劳感并影响情绪。

蛋白质

让我们从驳斥另一个误区开始：蛋白质可以使人强壮！实际上蛋白质并不能让你变得更强壮，运动才可以。蛋白质和氨基酸总是有一种神奇的光环，被认为是肌肉组织的神秘成分。其实，它们没那么神秘。

蛋白质在身体里有许多不同的角色。它们帮助生长新的肌肉，修复因运动而受到压力的肌肉，是构成头发和指甲的主要元素，也是免疫系统的动力。最重要的是，它们有助于红细胞的代谢。以蛋白质为基础的饮食是无用的。喝蛋白质奶昔，吃太多的蛋白，或者用鸡胸肉填饱自己，这些都会导致不良的结果。摄入过量蛋白质可能是无用的，甚至会适得其反。身体只能储存一定数量的蛋白质或氨基酸，如果超过这个量，它们要么在身体力竭时燃烧以获得能量，要么以糖原或脂肪的形式储存起来（如果和碳水化合物相比，这算很少的能量）。如果你的饮食中含有过多的蛋白质，你会面临两个主要的问题。

1. 它会阻止你摄入适量的碳水化合物，降低你肌肉中储存的能量。
2. 它会分解成尿素，一种需要通过尿液排出体外的有机化合物。吃太多蛋白质的人需要增加他们的液体摄入量，以尽可能多地排出尿素，从而导致频繁地上厕所。

摄入过多的蛋白质，会增加摄入过多脂肪的机会（通过肉类和调味品），身体会储存这些脂肪。每位运动员所能消化的蛋白质量各不相同。根据经验，可以计算出为每天每公斤体重1.2~1.6克蛋白质。这通常少于你每天从吃的肉类、鱼类、奶制品或豆类中摄入的蛋白质的量，理想的摄入量是每天150~200克，再加上每天从两份低脂奶制品（牛奶、酸奶和奶酪）中获得的蛋白质。

鱼肉是最好的选择，因为它含有的脂肪是不饱和的（还含有著名的ω-3），相比肉类和奶制品中常见的饱和脂肪对人体更好。

肉可以分为3种：白肉、红肉和肥肉。在你的每周计划里，理想的运动饮食应该包括各种肉类。

- 白肉（最好是鸡胸肉、剥掉皮的腿肉和鸡腿）比红肉更可取，因为它通常含有较少的脂肪。
- 红肉虽然不是最健康的选择，但每周也应该吃三到四次。因为红肉含有铁和锌，铁是血红蛋白的重要组成部分，血红蛋白是一种将氧气输送到肌肉和大脑的蛋白质。如果身体缺少适量的铁，就会感到疲惫。锌是一种矿物质，运动时，它在去除你肌肉中的二氧化碳方面起了很大的作用。比较好的红肉是鹿肉，因为它含有较少的饱和脂肪。

可选择食用低脂奶制品。半脱脂牛奶和酸奶接近理想的摄入量百分比（它们含有40%的碳水化合物，35%的蛋白质，25%的脂肪），因此是一种完美的零食。这是一种简单的补充蛋白质的方法，同时也提供维生素D和钙，以及适量的钾、磷和核黄素。钾和磷可以帮助身体里的钙代谢，从而增强骨骼，而核黄素是一种维生素，可以帮助身体将食物转化为能量。

常见蛋白质种类

1 优先选择食用鱼肉，其次是红肉、白肉，但要确保每周食用3种肉。

2 每餐中都要有蛋白质。

3 可以在食物中找到所需要的所有蛋白质——不需要蛋白质奶昔、能量棒或药片。

4 保证每天至少吃1次低脂奶制品，最好是每天2次。

5 不要过多摄入蛋白质，并没有什么效果。

脂肪

在饮食中，脂肪和其他食物元素一样重要。脂肪有助于体温的调节，有助于皮肤和头发的健康，并为内脏提供安全保护层。

最重要的是要知道吃什么样的脂肪，吃多少。脂肪可分为硬脂肪和软脂肪。硬脂肪是以肉、猪油、鸡皮或黄油的形式出现的脂肪，而软脂肪是以橄榄油和菜籽油的形式出现的，饮食中应该多食用些软脂肪。

正如前面提到的，由脂肪提供的热量应该占饮食的20%。一定要远离氢化反式脂肪，这是一种非常不健康的化学合成物，是单不饱和脂肪和多不饱和脂肪氢化过程中氢化反应不能完全进行而形成的。

在休息期不要害怕吃脂肪。许多人认为，如果不运动，肌肉就会变成脂肪，就会增重。这是不对的。肌肉和脂肪是身体的两个不同的组成部分，只有摄入量超过脂肪燃烧产生的能量才会增加体重，按前面提到的进食量，这是不可能的。

在健身房里，会看到有些人在折磨他们的腹部，希望通过过度锻炼来减掉大肚腩。可是只有通过全身锻炼、消耗热量，才能减掉多余的脂肪。我们这样说吧：如果想减肥，就需要增加肌肉（全身的肌肉），因为更多的肌肉消耗更多的热量。不要试图通过过度锻炼某个特定部位减肥，这是没有用的。

请记住，脂肪使食物更有滋味，有助于打开味蕾。在努力执行运动饮食计划时，请加入适量的健康脂肪，并尽情享受它吧！

常见脂肪种类

1 橄榄油是单不饱和脂肪，是最好的选择。尽量买未加工过的橄榄油，用它来烹制食物。理想的量是每顿饭两汤匙左右。

2 坚果——像核桃、杏仁、开心果、夏威夷果、巴西坚果、松仁、橄榄——也是摄入脂肪的好选择。它们的大小和脂肪的含量都不一样，所以称重坚果重量是很重要的，这样你就可以知道你大概需要多少。例如，腰果、花生、杏仁、松仁，每餐需要9克，而核桃、夏威夷果、榛子、山核桃和开心果，每餐需要7~8克。牛油果和橄榄可以多吃一点（牛油果约18克，橄榄约30克）。

3 鱼油也是很好的选择，因为它含有丰富的健康脂肪。然而，很少有人喜欢这种味道，因为它而浪费一整顿饭就太可惜了。

液体

水是生命的基础。身体大部分是由液体组成的，任何体液的流失都必须得到迅速的补充。

水的作用：

- 它能保持血液的正常流动，有助于输送氧气、葡萄糖和脂肪，同时消除二氧化碳和乳酸。
- 它可以保持体温，在身体过热的时候，通过吸收肌肉中的热量，出汗，降低血液及皮肤温度，不会使器官过热，这样有助于保持身体凉爽。

口渴是我们身体觉察到缺水时最常见的感受，它让我们意识到我们需要补充水分恢复平衡。然而，在运动过程中，情况就会变得复杂。

在锻炼的时候，有很多变量需要考虑。例如，准备的程度、天气、对目标的专注、良好的训练状态，或者正是因为身体里的水，才不觉得热。但请记住，在运动的时候，当身体失去了大约1%的液体时，大脑就会提示“口渴”，然而此时再给自己补充水分可能就太晚了。这时，心跳会过速，燃烧过多的糖原。如果身体失去2%的液体，就会处于脱水状态。当失去3%的液体时，继续锻炼，就可能会对身体有害。

秘诀就是要像规划饮食一样，按计划饮水。评估整个训练过程中损失的液体量，在训练前和训练后饮水前称重，两者的差值就是损失的液体量。尿液应该一直是淡黄色的，如果尿液颜色变深或者浓度稠密，就意味着代谢废物太多，而水相对少。

对于那些在比赛中不能停下来补水的游泳者来说，在进入游泳池之前，有必要提前补充水分。一旦确定了运动过程中消耗的液体量，就可以提前补充液体，这样在训练结束后，就只需要少量的水来恢复身体里的正常水分。

身体需要8~12小时才能完全恢复水分，所以在日常生活和训练中都要计划好饮水量。出汗不仅会失去液体，还会失去诸如镁、钾、钠和钙等电解质。

在训练之前一定要补充充足的水分，按每公斤体重饮用5~8毫升水计算。可以在饮料中加入少量食盐，或者选择含钠的饮料，因为钠有助于保持体内的水分。

如果需要快速补充水分进行第二次训练（在第一个训练后的12小时内），可以在训练后的食物和饮料中加入钠。比运动中损失的液体量多饮用30%~50%的水就可以使身体补充充足的水分。

尽量避免饮酒。酒精极易引起脱水，因为它是一种强有力的利尿剂，会使身体丢失更多液体。也要记住，酒精是一种抑制剂，它在抑制情绪的同时会降低运动表现。

赛前及赛后的规划

在比赛之前

在比赛的前几天，训练应该逐渐减少（参考第145页）。这是因为肌肉需要时间从训练中恢复。在这段时间里，减少训练负荷的时间，应该重建肌肉中的糖原储备，补充水分，补充蛋白质修复肌肉。

把赛前训练当成比赛前的最后一次训练。有些人认为比赛前一天晚上填饱意大利面就足够了。并不是这样，要复杂得多。

在训练期间，肌肉学会储存大量的糖原，以便在每次训练中都有良好的储备。如果知道方法的话，越训练肌肉，就能储存越多糖原。

赛前一两周起，每天逐渐增加大约100克的碳水化合物。比赛的前一天，要从早餐开始就补充碳水化合物。

每个运动员对比赛的反应都是不同的。有些人在前一天晚上吃顿丰盛的晚餐没有问题，但有些人会因为兴奋或担心而难以消化。因此，要从前一天早餐开始给自己补充碳水化合物。

而且，如果吃晚饭，要尽量摄入多种碳水化合物的种类。意大利面本身就可以起到作用，但要记住，水果和蔬菜含有缓慢释放糖的碳水化合物，它们会帮助你在第二天保持耐力。避免食用麦麸或任何你知道可能导致胃部不适的东西。

就食物的摄入而言，游泳这项运动既有好处，也有坏处。好处是，这项运动不会像慢跑或者踢足球一样影响到你的肠胃，因为游泳过程中，身体是平稳的，无须跳跃。不利的一面是在比赛中，你无法暂停下来重新调整你的肌肉和饮水以平衡体内液体含量。

比赛当天早上，根据比赛开始的时间，可以参照以下这几条合理规划饮食。

- 确保早上醒来时保持适当的液体平衡。这这可以很容易地通过尿液颜色进行判断。
- 喝一大杯水并吃早餐；如果比赛时间太早，还不能吃早餐，那么一定要在比赛前1小时摄入一些碳水化合物。这会使肝脏在整个比赛过程中都能产生足够的糖分，并将其输送到大脑。
- 在比赛前1~2小时喝水，这样你就可以在比赛开始前把多余的水排出体外。

在比赛结束后

在比赛结束后，身体需要恢复糖原和液体平衡。好好利用赛后的第一个小时，这是身体吸收营养

的最好时期。

含有少量蛋白质的碳水化合物是最好的选择，既可以将糖原送到肌肉，同时又可以减少皮质醇的释放，皮质醇是一种在运动中分解肌肉的激素。

根据距离下一场比赛的时间长短，你必须找到正确的方法来完全恢复肌肉和液体。游泳比赛经常会遇到连续比赛的问题，所以需要仔细规划。

不同的运动员根据自己的经验，选择不同的解决方案，最主要的是制订一个合适的营养计划。如果要参加一系列比赛，那就需要从前一周开始计划饮食，以便在赛事之间身体状态得到快速恢复。

如果要完成两个连续的赛事，为了在第一次比赛后身体状态能马上恢复，用高GI的碳水化合物和液体补充，不仅可以恢复体液，还可以恢复电解质（一些运动饮料可以做到这一点）。尽量多喝水，根据尿液的颜色来判断补充液体的情况，并在运动后比较体重。如果碰巧两天要完成多场比赛，请记住，低GI碳水化合物对于长期补充体能更有效。

如果比赛后有恢复的时间（1周），那就慢慢地调整液体平衡，一点点补充碳水化合物及蛋白质。简单地说，可以按照赛前的饮食计划重新开始。

食谱

燕麦、意大利乳清干酪和开心果

成分

- 50克燕麦片
- 140克意大利乳清干酪
- 8~10个去壳开心果
- 少量的盐或蜂蜜

准备工作：根据自己喜欢的浓度用水煮燕麦片。将煮熟的燕麦片、意大利乳清干酪和开心果混合装在碗里，依据个人口味加入少许盐或半匙蜂蜜。这是一种完美、均衡的零食，它将蛋白质，碳水化合物和脂肪结合在了一起。

蓝莓核桃干酪

成分

- 220克蓝莓
- 1匙果糖
- 70克低脂干酪
- 3个核桃

准备工作：在平底锅中小火加热蓝莓，加入果糖和少量水，然后轻轻搅拌，直到浆果变软。把干酪放在碗里，把蓝莓倒在上面，撒上碎核桃，就是一份完美的零食。

塞馅鱿鱼

成分

- 1只大鱿鱼（处理后200克，保留触须）
- 2匙切碎的欧芹和少许切碎的大蒜
- 250克新鲜的全麦面包或全麦面包屑
- 30克磨碎的帕尔马干酪
- 1匙橄榄油

准备工作：保持鱿鱼完整。填充物：将触须剁碎，加入欧芹、大蒜、新鲜面包屑和帕尔马干酪，放入碗中。用手碾碎混合物，并根据需要加入水和油。用填充物装满鱿鱼，然后用牙签把它封闭起来。把它放进烤箱30分钟，用剩下的填充物涂抹鱿鱼。再配上沙拉或一份切好的水果。

无油版佛罗伦萨蛋

成分

- 300克菠菜
- 白葡萄酒醋
- 35克干酪
- 2片烤好的全麦面包
- 2个水煮蛋
- 盐和胡椒（调味）
- 磨碎的帕尔马干酪或切碎的软车达干酪

准备工作：将菠菜煮至微软。将一匙醋和干酪混合，搅拌。把菠菜放在两片烤面包上。将煮熟、沥干的水煮蛋放在菠菜上面，然后把之前搅拌好的奶酪倒在鸡蛋上。撒上盐、胡椒和磨碎的帕尔马干酪。

香辣燕麦配烤鸡胸肉（或鹿排）

成分

- 3匙橄榄油
- 1/2个红皮洋葱
- 少许辣椒粉、少许红辣椒、1片月桂叶
- 1瓣大蒜
- 350克生燕麦（谷物）
- 烤鸡胸肉或120克鹿排
- 欧芹

准备工作：在锅里加入橄榄油和3匙水。将洋葱切碎，放入油水中，加入辣椒粉、红辣椒、月桂叶和大蒜，熬煮至金黄色。加入燕麦，稍微翻炒几下，然后加水，煮30分钟。煮的同时，烤制鸡胸肉或鹿排。最后撒上一点切碎的欧芹。

新鲜沙拉

成分

- 300克圣女果
- 300克黄瓜
- 1/4个红皮洋葱，用温水和一匙醋软化
- 300克低脂希腊酸奶
- 2匙橄榄油
- 盐和胡椒（调味）
- 少量的香葱和小茴香
- 辣椒（调味）

准备工作：将圣女果切成两半，黄瓜切块。将圣女果、黄瓜、红皮洋葱和希腊酸奶在沙拉碗里混合，加入橄榄油、盐和胡椒，并根据口味撒上香葱、小茴香和辣椒。这道菜既完美且简单易做。

炖鹿肉

成分

- 140克鹿肉丁
- 盐和黑胡椒粉（调味）
- 1匙切碎的新鲜百里香
- 3匙橄榄油
- 1个切碎的洋葱
- 300克切碎的芹菜
- 120克切碎的胡萝卜
- 1匙切碎的大蒜
- 200克切碎的番茄
- 150克切碎的红辣椒
- 2片月桂叶
- 1杯红酒
- 1片烤好的全麦面包

准备工作：在搅拌碗里，用盐和黑胡椒、一半的百里香和少量的橄榄油腌制鹿肉。将剩下的橄榄油加入一口大锅，大火加热。当油烧热时，将鹿肉放入锅中，烧制2~3分钟，适当翻炒。然后加入洋葱，炒4分钟。加入芹菜和胡萝卜，用盐和黑胡椒调味，翻炒4分钟。加入大蒜、番茄、红辣椒、剩余的百里香和月桂叶。蔬菜中的水分蒸发后，加入红酒。如果需要，可以加入适量开水。水烧开后，盖上锅盖，转小火慢炖。炖45分钟至1小时，直到鹿肉变软。如果水分蒸发过多，可以多加一点水。最后用浅碗装盘，旁边配一片烤好的全麦面包。

檬鲽配茴香橙子沙拉

成分

- 1匙海盐
- 1匙烟熏辣椒粉
- 1匙粗肉桂粉
- 小茴香
- 2匙橄榄油
- 1条200克的檬鲽

小茴香橙子沙拉

- 2个小茴香头，切成薄片
- 1/2个红皮洋葱，切成薄片
- 6个黑橄榄，切成薄片
- 1个橙子，切成4瓣
- 2匙橄榄油

准备工作：烤箱190℃预热。将海盐、烟熏辣椒粉、粗肉桂粉和小茴香混合在一起。将香料混合物涂在檬鲽的表面。在烹饪用的锡箔上轻轻涂抹少许橄榄油，然后放在烤盘里。把檬鲽放在锡箔上，然后合上锡箔，将两边折起封边。根据个人口味烤10~12分钟。与此同时，准备沙拉。把小茴香、红皮洋葱、橙子和黑橄榄薄片放在碗里，然后搅拌。把鱼放在沙拉上面，把剩下的橄榄油洒在上面。

希腊沙拉

成分

- 100克莴苣
- 1/2个红皮洋葱，放在温水中使其变软
- 6个黑橄榄
- 200克番茄
- 200克黄瓜
- 90克菲达奶酪
- 2匙橄榄油
- 牛至或罗勒
- 1/2个鲜榨柠檬
- 盐和黑胡椒

准备工作：除红皮洋葱外，所有的原料切成小方块，红皮洋葱切成薄片。在一个大的沙拉碗里，将莴苣、红皮洋葱、黑橄榄、番茄、黄瓜和菲达奶酪混合在一起，将橄榄油、牛至或罗勒、柠檬汁、盐和黑胡椒倒入。拌一拌就可以享用了。

意大利肉酱面

成分

- 2匙橄榄油
- 1/2个白皮洋葱，切碎
- 1个胡萝卜，切碎
- 2根芹菜，切碎
- 75克瘦肉馅
- 1杯红酒
- 400克番茄
- 100克棕色意大利面
- 帕尔马干酪碎

准备工作：在一个大的平底锅里加入橄榄油和2匙水，中火加热，将洋葱煮至变软变黄。然后加入胡萝卜和芹菜，煮至变软。当蔬菜煮熟后，加入瘦肉馅，煮4分钟，直到几乎变成棕色，然后用叉子不停地分散肉团。最后加入一杯红酒，煮沸，直到红酒稍微煮干。大约5分钟后，加入切成小块的番茄，不停地翻炒直到西红柿开始软烂。盖上锅盖慢炖45分钟，偶尔搅拌一下，酱汁就好了。与此同时，在平底锅里，根据包装说明煮熟意大利面，然后沥干水分。在热的意大利面条上立即浇上酱汁，撒上大量帕尔马干酪碎。

鱼肉蔬菜饭

成分

- 4匙切碎的欧芹
- 2~3个切碎的红辣椒
- 2~3瓣切碎的大蒜
- 盐和胡椒粉（调味）
- 150~180克白鲑鱼片
- 2匙橄榄油
- 2个切碎的红皮洋葱
- 300克切碎的番茄
- 3个胡萝卜，切片
- 1/4棵卷心菜，切块
- 1/2个茄子，切块
- 60克米

准备工作：将切碎的欧芹、红辣椒、大蒜、盐和胡椒粉混合在一起，涂抹在鱼片上。在一大口深锅里加入橄榄油，中火加热，将鱼片放在热油上两面煎一下，然后装在盘子中。将切碎的洋葱放入热油中，煎炒，直到熟，洋葱刚刚开始变成棕色（5~7分钟），加入番茄搅拌，直到番茄变软，降低火力。加入一些水，然后加入胡萝卜、卷心菜和茄子，用小火炖35分钟，或直到蔬菜煮熟但不煮烂。加入之前煎好的鱼片，再炖15分钟左右。然后把鱼片、蔬菜和大约1杯的肉汤放在盘子里，盖上盖子，放入烤箱。将剩下的汤收汁变稠，过滤里面的残留物。然后在汤里重新加入4杯水，烧开，加入米，加入盐和胡椒粉调味。降低火力至小火，盖上锅盖，煮20分钟至米熟透。把鱼片放到米饭上，搭配蔬菜一起食用。

换种做法：你还可以使用整条鱼来做这道菜。任何结实的白肉鱼都可以。也可以试试蜗牛肉（是最好的低GI肉类）。其他蔬菜也都适合用这道菜，木薯、土豆、青豆、西葫芦、红花菜豆或辣椒都可以。

鸡汤米粉

成分

- 1只鸡，整只带皮（最好是用谷物饲养的鸡）
- 1个洋葱，切碎
- 1根芹菜，切成两半
- 盐和胡椒（调味）
- 1匙味噌酱
- 姜块
- 100克米粉
- 2匙切碎的新鲜的欧芹叶或香菜叶
- 1个酸橙

准备工作：把切块的鸡肉、洋葱和芹菜，放在一个大锅里，然后加入冷水、盐和胡椒，煮沸。煮大约1小时，把鸡肉取出来，选择你需要的适当的量（这个量取决于自己吃还是煮给别人吃）　过滤油脂后，放到一个小锅中。将味噌酱和2片姜块加入到汤里，煮沸5分钟。加入米粉，再煮大约4分钟。关火，将米粉装入一个汤碗里，碗里提前放好90克之前煮好的去皮鸡肉。最后加点欧芹叶或香菜叶，并挤点酸橙汁。

训练方案

// 制订计划 // 赛前训练 // 准备比赛

基础原则

在制订训练方案时，需要考虑一些问题，来确保方案能够成功实施，并实现你的目标。训练方案是一项计划，旨在确保你能在比赛当天达到最佳游泳状态。

训练会有不同的阶段，每一阶段都至关重要。训练开始时，对整体训练目标的要求比较低，但在每一个阶段进行训练时，训练会变得更加具体，更符合比赛的要求。只有扎实的训练才能为日后的成功打下基础。若不向着目标训练，就会失去动力，进展缓慢。

首先，你需要思考以下几个问题。

为什么要训练?

你必须决定是否要进行专项训练，来提高游泳技巧或体能。如果打算参加游泳比赛，那么专业训练会使你在比赛中取得更好的成绩。

采取什么类型的训练?

要决定采取哪种类型的训练（是冲刺25米、50米、100米和200米比赛，还是中等距离400米的比赛，抑或是长距离800米、1500米），不同的比赛需要不同类型的训练。如果不训练特定的项目，就不会达到你想达到的速度。就算是要全方位地提高游泳水平，也要在冲刺，有氧、无氧训练中找到平衡。

要达到什么目标?

训练是为了参加特定的比赛吗?如果是，比赛是什么时候，你还有多少准备时间?如果有一个特定的比赛，那么你就需要制订训练计划，这样就可以在比赛时达到巅峰状态。

如果你想提高自己的游泳能力，而且没有固定的时间限制，你就会不时地检测自己，以确保训练的准确度。如果希望提高长距离游泳能力，那么需要在整个训练方案的不同阶段测试长距离的游泳能力，如果发现测试结果未达到预期目标，则需要重新评估训练计划，并做出适当的调整以确保训练效果稳步提升。

要记住的事情

在所有的训练项目中，你可能会发现，有时状态不如以前那么好或完成得不如以前快，这时并不需要改变训练计划，这可能只是提醒你训练得太狠了，身体已经累了。你应该在每个训练周期结束时评估训练结果。

1

计划你的训练

周期化

周期化是将训练季或时间框架分解成更小的、可管理的部分，这样可以把注意力集中在练习游泳的某个特定的方面。每一阶段的训练都应着重提高一个方面，同时也要兼顾其他方面的表现。

游泳季可以分解为若干小周期，时长介于6~20周之间。每一个小周期都有一个具体的训练重点，如提高有氧运动能力和划水技术，同时保持冲刺速度和阈值速度。

每个小周期内又有微周期，即更小的周期（通常是7天）。微周期包含了更多的细节，细致到每周的每一节课要进行什么训练。

无论是冲刺游泳、中距离游泳还是长距离游泳，每一个周期设定的训练内容都是不同的，这取决于总体目标是什么。因此，确定清晰的目标至关重要。

逐渐减少训练

当比赛临近时，要逐渐减少训练量。如果训练是在比赛前几个星期完成的，那么你的身体就会准备好和调整好，而临近比赛的额外训练则会让身体疲惫不堪。

对于每个游泳运动员来说，何时逐渐减少训练量是不一样的。但这是训练过程中的关键部分，因为这是身体和心理都准备好比赛并达到最佳状态的开始时间点。

训练量的缩减会减少身体的总压力，这样当你参加比赛的时候，会感觉更新鲜，准备得更好。通常情况下，总体训练量虽然减少，但总强度仍保持在相当高的水平。

缩减训练量的时间可以是赛前的2~5周。在这段时间里，根据比赛长度进行训练。换句话说，要越来越多地关注比赛中要做的事情。既可以进行一次性训练也可以间歇性训练［如200米仰泳，可以一次性完成，也可以间断游完（50米–100米–50米）］。

在“递减”阶段，许多比赛的准备工作也应该同时进行，为比赛的某项技能进行练习，如水下打腿或潜水和转身。在这一阶段，还需要采取一些预防措施来控制身体的压力，适当的饮食以确保整个关键时期身体的健康。既然已经刻苦训练了很长时间，那么在比赛前的最后几个星期，各项准备工作一定要做好。

训练区

训练区	说明	细节
EN-1	**基本耐力训练** 这是最常使用的训练区，因为它的强度较低，在这种强度下游泳者能够长时间游泳而不感觉疲劳。亚极量心血管效率（submaximal cardiovascular efficiency）有助于将氧气输送到运用的肌肉中。随着赛季的推进和能力的提高，你会比之前游得更快，因为你的身体素质得到了提升。	• 总时长：最小值少于20分钟，只要游够时间就可以了 • 休息间隔时长：5～30秒 • 重复：超过50米即可，不限泳姿 • 中低强度
EN-2	**阈值耐力训练** 用于在不完全耗尽供能的情况下建立有氧能力的训练，也有助于乳酸代谢。	• 总时长：20～60分钟 • 休息间隔时长：10～30秒 • 重复：50～400 米 • 中等强度
EN-3	**超负荷耐力训练** 增加最大耗氧量，增加肌肉周围毛细血管扩张的数量，增加乳酸清除率，增加肌肉的缓冲能力。	• 总时长：20～45分钟。 • 休息间隔时长：游50～100秒休息5～30秒，游200～400秒休息15秒～60秒，超过800米， 休息30秒至2分钟 • 重复：任意距离 • 高强度

训练区	说明	细节
SP-1	**乳酸耐力训练** 增加肌肉缓冲能力。提高在高强度肌肉酸中毒的情况下继续保持游泳技术的能力，提高血液乳酸清除率	• 总时长：300～800米 • 间隔时长：1～4分钟 • 重复：25～150米 • 高强度——尽最大努力
SP-2	**乳酸阈训练** 用最大速度进行短距离冲刺训练，来帮助改善无氧，增加无氧代谢，增加最大冲刺速度，增加肌肉的缓冲能力。乳酸耐力训练和乳酸阈训练的区别在于，后者在每次重复训练前，乳酸可以代谢掉；而前者在游泳时乳酸持续存在于你的肌肉中	• 总时长：300～600米 • 间隔时长：25米短距离1～3分钟主动恢复，50米重复训练3～5分钟主动恢复 • 重复：25～50米的重复最理想 • 尽最大努力，尽量接近个人最好的成绩
RP	**速度训练** 以最快的速度游泳，也可以使用掌蹼或者脚蹼。最好在刚开始的时候使用，这样可以提高水中的力量和爆发力。尽可能在比赛状态下训练，包括跳水、转身和划水频率。	• 总时长：100～600米 • 间隔时长：1～6分钟的主动或被动恢复 • 重复：跳水、转身、10～25米冲刺 • 最大强度

短距离比赛规划

为了强化短距离游泳，如50米和100米的比赛，以及200米的比赛，这与长距离比赛相比，需要不同的训练计划。50米赛事依靠自身无氧氧化供应能量，这意味着比赛大部分过程中没有氧气的参与。游泳运动员的身体状况，在50米游泳中60%～80%是处于无氧状态的。

100米项目的大部分时间仍然依靠无氧供能（高达55%），但由于持续时间相对较长，有氧系统也提供能量。200米比赛和100米比赛一样，有氧、无氧供能系统同时提供能量。通常，35%～40%的比赛中是无氧氧化供能的，其余的则是靠有氧氧化供能。这个比例会因运动员自身的适应水平、训练状态及遗传因素略有不同。

要想在短距离比赛中取得成功，则需要高水平的无氧代谢能力，并且在血液中乳酸处于高水平的条件下还能快速游泳，同时又能保持良好的有氧运动能力。

小周期 1（8～14周）

每一个微周期都应该包括以下几项内容。

- 每个环节都应该包含一些基本的耐力训练（EN-1）。
- 你应该试着每周完成2次阈值耐力练习（EN-2）。
- 如果打算参加200米的游泳比赛，应该每周完成1～2次超负荷耐力训练（EN-3）。
- 每周尝试完成3～5次乳酸耐力训练（SP-1），这样可以帮助身体在比赛时耐受乳酸的影响。
- 你还需要每周完成1次乳酸阈训练（SP-2）。
- 在每个环节都加入速度训练（RP）。

通常，你在每个环节中都会经历多个训练区训练。

示范培训周

周一	EN-1 + EN-2 + SP-1 + RP
周二	EN-1 + EN-3 + SP-1 + RP
周三	EN-1 + SP-2 + RP
周四	休息
周五	EN-1 + EN-2 + SP-1 + RP
周六	EN-1 + SP-1 + RP
周日	休息

小周期 2（8~12周）

每一个微周期都应该包括以下几项内容。

- 每周4～5次基本的耐力训练（EN-1）。
- 你应该尝试每周完成2次阈值耐力练习（EN-2）。
- 如果打算参加200米的游泳比赛，应该每周完成1～2次超负荷耐力训练（EN-3）。
- 每周尝试完成3～5次乳酸耐力训练（SP-1），这样可以帮助身体在比赛时耐受乳酸的影响。
- 包括每周1次乳酸阈训练（SP-2）。
- 在每个环节都加入速度训练（RP）。

有时，你在每个环节中都会经历多个训练区训练。

示范培训周

周一	EN-1 + EN-2 + SP-1 + RP
周二	EN-1 + EN-3 + SP-1 + RP
周三	EN-1 + SP-2 + RP
周四	休息
周五	EN-1 + EN-2 + SP-1+ RP
周六	EN-3 + SP-1 + RP
周日	休息

小周期 3（4～6周）

每一个微周期都应该包括以下几项内容。

- 每周4～5次基本的耐力训练（EN-1）。
- 你应该尝试每周完成1次阈值耐力练习（EN-2）。
- 如果你打算参加200米的游泳比赛，那么你应该每周完成1～2次超负荷耐力训练（EN-3）。
- 每周尝试完成3～5次乳酸耐力训练（SP-1），这样可以帮助身体在比赛时耐受乳酸的影响。
- 包括每周1次乳酸阈训练（SP–2）。
- 在每个环节都加入速度训练（RP）。

通常，你在每个环节中会经历多个训练区训练。

示范培训周

周一	EN-1 + EN-2 + SP-1 + RP
周二	EN-1 + EN-3 + SP-2 + RP
周三	EN-1 + SP-2 + RP
周四	休息
周五	EN-1 + SP-1 + RP
周六	EN-3 + SP-1 + RP
周日	休息

在小周期3接近尾声时，你的身体状况将接近巅峰状态。当你参加比赛或计时赛时，你应该在1 ～ 2周内开始减少整体的训练量，以便让身体有更多的时间进行恢复，同时避免身体机能下降、能量系统减弱。如果逐渐减少阶段的时间太长，当能量系统开始出现回退的迹象时，你所有的努力都将白费，训练的效果会很差。

中等距离比赛规划

中等距离游泳比赛的要求与短距离冲刺比赛有很大的不同，因为中等距离游泳时人体对有氧能量系统的依赖程度较高，而对无氧系统的依赖程度较低。通常，65%～75%的游泳项目将会在有氧运动中进行，因此训练计划的组成将更加侧重于建立强大的有氧基础和高有氧阈值。

中等距离游泳比赛项目包括400米游泳，但许多中等距离的游泳选手也参加200米和800米的比赛。

训练计划的前2/3应该着重于提高有氧能力，同时保持其他方面的提升，如冲刺速度和无氧阈值。由于大量的有氧训练，其他方面的能力轻微减弱也很常见。在最后1/3的训练计划中，要努力保持较大的有氧运动能力，同时提高缓冲能力和无氧能力。

小周期 1（8~16周）

每一个微周期都应该包括以下几项内容。

- 基本耐力训练（EN-1）应包括在每一次训练中。
- 每周应该包括2～3次阈值耐力练习（EN-2）。
- 每周应该安排1次超负荷耐力训练（EN-3）。
- 每周应完成3～4次乳酸耐力训练（SP-1）。
- 每周应安排1次乳酸阈训练（SP-2）。

通常，你在每个环节都会经历多个训练区训练。

示范培训周

周一	EN-1 + EN-2 + SP-2
周二	EN-1 + EN-3
周三	EN-1 + EN-2 + SP-1
周四	休息
周五	EN-1 + SP-1
周六	EN-1 + EN-2 + SP-1
周日	EN-1 + SP-1

小周期 2（8 ~ 12周）

每一个微周期都应该包括以下几项内容。

- 每周3 ~ 5次基本耐力训练（EN-1）。
- 每周应该完成1 ~ 2次阈值耐力练习（EN-2）。
- 每周应该安排2 ~ 3次超负荷耐力训练（EN-3）。
- 每周应完成3 ~ 4次乳酸耐力训练（SP-1）
- 每周安排1次速度训练（RP）。

通常，你在每个环节都会经历多个训练区训练。

示范培训周

周一	EN-1 + EN-2 + SP-1
周二	EN-3 + SP-1
周三	EN-1 + EN-3
周四	休息
周五	EN-1 + EN-2 + SP-1
周六	EN-1 + SP-1 + RP
周日	休息

小周期3（4 ~ 6周）

每一个微周期都应该包括以下几项内容。

- 每周3 ~ 4次基本耐力训练（EN-1）。
- 每周都应完成1次阈值耐力练习（EN-2）。
- 每周应安排2 ~ 3次超负荷耐力训练（EN-3）。间隔时长应该比上一个周期短。
- 每周应完成3 ~ 4次乳酸耐力训练（SP-1）。
- 每周安排1次速度训练（RP）。

通常，你在每个环节都会经历多个训练区训练。

示范培训周

周一	EN-1 + EN-2 + SP-1 + RP
周二	EN-1 + EN-3 + SP-2 + RP
周三	EN-1 + SP-2 + RP
周四	休息
周五	EN-1 + EN-3+SP-1 + RP
周六	EN-3 + SP-1 + RP
周日	休息

在小周期3接近尾声时，你的身体状况将接近巅峰状态。当你参加比赛或计时赛时，你应该在1 ~ 2周内开始减少整体的训练量，以便让身体有更多的时间进行恢复，同时避免身体机能下降、能量系统减弱。如果逐渐减少阶段的时间太长，当能量系统开始出现回退的迹象时，你所有的努力都将白费，训练的效果会很差。

长距离比赛规划

长距离游泳运动员主要参加800米和1500米比赛，但也可以参加400米项目。有氧供能系统为长距离游泳提供70%～90%的能源。因此，大多数的训练目标都是改善有氧供能系统，这一点很重要。

相比短距离游泳运动员而言，长距离游泳运动员需要更高的最大摄氧量（VO_2）和无氧阈值，但在冲刺方面能力会较弱。

小周期1（8～16周）

每一个微周期都应该包括以下几项内容。

- 基本耐力训练（EN-1）应包括在每一次训练中。
- 每周应该包括1～2次阈值耐力练习（EN-2）。
- 超负荷耐力训练（EN-3）将通过减少阈值耐力训练（EN-2）来实现。
- 每周应完成3～4次乳酸耐力训练（SP-1）。

通常，你在每个环节都会经历多个训练区训练。

示范培训周

周一	EN-1 + EN-1
周二	EN-1 + SP-1
周三	EN-1 + EN-2 + SP-1
周四	休息
周五	EN-1 + SP-1
周六	EN-1 + SP-1
周日	休息

小周期 2（8～12周）

每一个微周期都应该包括以下几项内容。

- 基本耐力训练（EN-1）应包括在每一次训练中。
- 每周应该包括2～3次阈值耐力练习（EN-2）。
- 每周应该安排1～2次超负荷耐力训练（EN-3）。
- 每周应完成2～3次乳酸耐力训练（SP–1）。

通常，你在每个环节都会经历多个训练区训练。

示范培训周

周一	EN-1 + EN-2
周二	EN-1 + EN-3 + SP-1
周三	EN-1 + EN-3 + SP-1
周四	休息
周五	EN-1 + SP-1
周六	EN-1 + SP-1
周日	EN-1 + EN-3

小周期 3（4～6周）

每一个微周期都应该包括以下几项内容。

- 基本耐力训练（EN-1）应该包括在每一次训练中。在小周期3中，每周的训练总量应该会减少大约1/3。
- 每周都要完成1～2次阈值耐力训练（EN-2）。
- 每周应安排2次超负荷耐力训练（EN-3）。
- 每周应完成3～4次乳酸耐力训练（SP-1）。

通常，你在每个环节都会经历多个训练区训练。

示范培训周

周一	EN-1 + SP-1 + EN-3
周二	EN-1 + EN-2
周三	EN-1 + SP-1
周四	EN-1 + SP-1 + EN-3
周五	EN-1 + EN-2
周六	EN-1 + SP-1
周日	休息

在小周期3接近尾声时，你的身体状况将接近巅峰状态。当你参加比赛或计时赛时，你应该在1～2周内开始减少整体的训练量，以便让身体有更多的时间进行恢复，同时避免身体机能下降、能量系统减弱。如果逐渐减少阶段的时间太长，当能量系统开始出现回退的迹象时，你所有的努力都将白费，训练的效果会很差。

训练实例

实际训练中可能需要使用打水板和拉力浮漂等设备，用来帮助特定的区域训练。拉力浮漂主要用于提高手臂的划水速度，打水板主要用于热身和改善腿部打腿动作。在热身阶段使用打水板和拉力浮漂时，可以在特定区域内进行。

拉力浮漂训练可用于帮助运动员纠正手臂划水的问题，它可以使你不考虑腿部动作，完全专注于改善手臂划水动作。

如果想加快游泳速度，需要加快每一个回合的速度。例如，对于6×100米自由泳，要想速度更快，就要缩短每100米游泳的时间。

热身

- 800米混合泳。
- 4×200米（1次常规游泳，1次使用打水板，1次使用拉力浮漂，1次常规游泳）。
- 400米自由泳，300米除自由泳以外的姿势，200米自由泳，100米除自由泳以外的姿势。
- 400米常规游泳，4×100米使用拉力浮漂，4×50米使用打水板。
- 8×100米（2组常规游泳，1组使用打水板，1组竭力游，1组个人混合泳）。

放松

- 200～1000米混合泳，使用打水板和拉力浮漂。
- 5×100米，每100米逐渐减速。
- 2×300米，1组使用打水板，1组常规游泳。

EN-1 (基本耐力训练)

- 自由泳：2～3组（400米自由泳，2×200米自由泳，4×100米自由泳），每组间隔休息20秒。
- 自由泳：10×100米自由泳，间隔休息20秒；10×75米自由泳划水训练，每组间隔休息15秒；10×50米自由泳打水训练，间隔休息10秒。
- 个人混合泳：400米自由泳，4×100米个人混合泳，300米蛙泳，4×100米个人混合泳，200米仰泳，4×100米个人混合泳，100米蝶泳，4×100米个人混合泳，每组间隔休息20秒。
- 2×200米（100米蝶泳和100米仰泳），2×200米（100米仰泳和100米蛙泳），200米（100米蛙泳和100米自由泳），200 米个人混合泳，每组间隔休息20秒。

EN-2 (阈值耐力训练)

阈值耐力训练以低于每分钟最大心率10～20次的心率游泳，如果整个运动强度分为1～20级的话，那么EN-2应该处在15～16级。

- 8×200米自由泳，或者最擅长的泳姿。
- 2～4组2×200米和1×100米逐渐提高每一轮的速度。
- 50米、100米、150米、200米、250米、300米、350米、400米，每个项目之间休息20～30秒。
- 4组4×100米逐渐减速，每组间隔休息15秒。

EN-3 (超负荷耐力训练)

在超负荷耐力训练中，要接近个人最大心率。如果整个运动强度分为1～20级的话，那么EN-3就应该处在17～20级。

- 20～40组50米，间隔休息15秒。
- 15～20组100米，间隔休息10～30秒。
- 3×400米，以最快速度游，间隔休息1分钟。
- 400米个人混合泳，休息1分钟；3×200米个人混合泳，休息30秒；4×100米个人混合泳，每组间隔休息15秒。

SP-1 (乳酸耐力训练)

- 4～6组100米，每组间隔休息3分钟，尽最大努力游。
- 用自由泳或最擅长的泳姿在8分钟内完成3×200米。
- 12×25米冲刺，每组间隔休息30秒。
- 在2分钟内游完8×100米。

SP-2 (乳酸阈训练)

- 在2分钟内完成8×25米冲刺。
- 在5分钟内完成4～8组50米冲刺。
- 3组4×25米最擅长的泳姿冲刺，4×50米放松游。
- 4×50米最快速度打腿，每组间隔休息3分钟。

RP (速度训练)

所有的速度训练都应该在训练最开始的时候完成，以便有足够的时间恢复，确保身体处于最佳状态。

- 8×快速跳水。
- 4×15米冲刺。
- 4×10米冲刺，100米恢复；4×15米冲刺，100米恢复；4×25米冲刺，200米恢复。
- 3组6 x 50米，可以如下所示进行训练。

第1个50米:前15米最快速度游，后35米放松游。

第2个50米：前25米最快速度游，后25米放松游。

第3个50米：快速跳水，50米放松游。

第4个50米：前35米最快速度游，后15米放松游。

第5个50米：快速跳水，50米放松游。

第6个50米：50米最快速度游。

自由泳（freestyle，缩写为FC）；仰泳（backstroke，缩写为BK）；蝶泳（butterfly，缩写为BF）；蛙泳（breaststroke，缩写为BS）；个人混合泳（individual medley，缩写为IM）。

作者简介

尼克·纽厄尔（Nic Newll） 16岁时，在泳池内扭伤了脖子，但他仍然没有放弃游泳这项运动。没过多久，他便脱下颈托，参加了游泳比赛。在赢得比赛后，他又冷静地戴上了颈托。一年后，他成为三届珀斯太平洋校际运动会金牌得主，这为他众多的州级、区域级、国家级比赛成绩锦上添花。

丹·克罗斯（Dan Cross） 英国吉尔福德市高级游泳俱乐部的国家组助理教练。曾参与国家级游泳运动员竞技，退役后执教已经接近10 年。他曾执教少年组、青年组和专业组游泳运动员，其中不乏许多获得国家级荣誉的游泳运动员。他在多家俱乐部执教，并和许多国际顶尖教练一起工作。他拥有体育运动科学的学位，并对运动科学研究有着浓厚的兴趣。

保罗·考彻（Paul Cowcher） 自2001年结束舞蹈家的职业生涯（伦敦西区音乐剧和巡回演出）后便投入到健康和健身事业中。当他结束舞蹈生涯后，他意识到舞蹈和体育科学有很多相似之处。他曾担任高级教练（CYO）、普拉提教练（健身方向），并且拥有超过10种健身和舞蹈的教学资格证（ISTD）。目前，他是一名私人教练。

托罗索·贝尔纳贝伊（Tommaso Bernabei） 毕业于伦敦城市大学，是一位编剧和非小说类作家。通过做电视节目的机会，他与意大利美食秀合作，因此对运动营养产生了浓厚兴趣。现在，他是一家意大利游泳俱乐部的饮食规划师，并且正在撰写一本有关运动营养食谱的著作。

主译简介

乔钧 上海市第二康复医院康复治疗部主任，农工民主党上海市委后备干部，中国康复医学会物理治疗专业委员会第一届青年工作委员会常委，上海市康复医学会第一届物理治疗专业委员会常委，中国康复医疗机构联盟康复肌骨康复专业委员会委员，中国康复医学会康复治疗专业委员会超声技术学组委员。《瑜伽解剖学——体式全彩图解》主译，《关节松动术》编委；发表学术论文10余篇，其中以第一作者或通讯作者发表SCI论文2篇；参与国家级课题一项，主持与承担国家体育总局科技攻关计划项目与各级课题多项。

王会儒 博士，教授，上海交通大学体育系副主任，中国体育科学学会武术与民族传统体育分会委员，上海体育科学学会运动康复分会委员，上海市精品课程“瑜伽”负责人。研究方向：民族传统体育与健康促进。以第一作者或通讯作者发表SCI论文5篇、中文核心期刊论文7篇、国际会议论文6篇；出版学术专著1种、教材1种、科普著作2种，主持翻译著作5种；承担国家及省部级课题多项。